Meningen Med Rus © Øystein Skjælaaen
Published by agreement with Immaterial Agents in conjunction with Res Publica

Esta tradução foi publicada com o apoio financeiro de NORLA.

O autor recebeu apoio do Fundo Literário Norueguês de Não Ficção para escrever este livro.

Edição: Felipe Damorim e Leonardo Garzaro
Tradução: Leonardo Pinto Silva
Arte: Vinicius Oliveira e Silvia Andrade
Revisão: Carmen T. S. Costa e Lígia Garzaro
Preparação: Leonardo Garzaro e Ana Helena Oliveira

Conselho Editorial:
Felipe Damorim, Leonardo Garzaro, Lígia Garzaro, Vinicius Oliveira e Ana Helena Oliveira.

Dados Internacionais de Catalogação na Publicação (CIP)
(Câmara Brasileira do Livro, SP, Brasil)

S628

Skjælaaen, Øystein

O porquê das drogas / Øystein Skjælaaen; Tradução de Leonardo Pinto Silva. – Santo André - SP: Rua do Sabão, 2022.

Título original: Meningen med rus

216 p.; 14 X 21 cm

ISBN 978-65-86460-54-4

1. Drogas. 2. Sociedade. I. Skjælaaen, Øystein. II. Silva, Leonardo Pinto (Tradução). III. Título.

CDD 613.8

Índice para catálogo sistemático
I. Drogas
Elaborada por Bibliotecária Janaina Ramos – CRB-8/9166

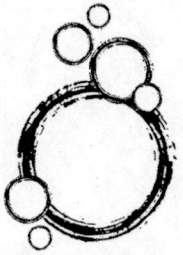

[2022]
Todos os direitos desta edição reservados à:
Editora Rua do Sabão
Rua da Fonte, 275 sala 62B
09040-270 - Santo André, SP.

www.editoraruadosabao.com.br
facebook.com/editoraruadosabao
instagram.com/editoraruadosabao
twitter.com/edit_ruadosabao
youtube.com/editoraruadosabao
pinterest.com/editorarua

Øystein Skjælaaen

O porquê das drogas

Índice

7   **Capítulo 1**
O porquê das drogas | Natureza e cultura |
Drogas como processo cerebral | Drogas artificiais? |
A história das drogas | Da festa ao fármaco, do
pecado à vergonha | Heroína contra a tosse |
Shiva e castigo | Substância, efeito e significado |
Por quê – e para quem? | O significado na cultura

49 **Capítulo 2**
Drogas para viver | De Sunny Beach a Bordéus | Rituais inebriantes | Vermelho e azul anunciando a primavera | Do céu ao inferno | "Sommeliers" de maconha | Empatia e êxtase | Revisitando o Verão do Amor | O MDMA hoje | Drogas para aprender | Uma droga capaz de mudar vidas | Perda controlada do controle

97 **Capítulo 3**
Drogas para sobreviver | Dependência | Desjejum líquido | O bom alcoólatra | "Bebedeira não, brisa" | Domingo sem álcool | Heroína para sobreviver | O irmão álcool | O que é a solidão | A droga é um irmão | Tomando as rédeas da solidão | Todos juntos, sozinhos | Jonas | O problema do tédio | Viver e ser

149 **Capítulo 4**
A droga proibida | Limites de punição | Punindo para salvar o país | Roar | O resultado do sofrimento | Novos tempos? | The Nutty Professor | Haxixe e heroína | Drogas como terapia | Da proibição à regulamentação | O elefante

189 **Capítulo 5**
Um propósito para as drogas | Até que ponto é bom levar uma vida sem drogas? | A fissura que envergonha | Adeus à fissura | A droga como ela é

207 **Notas**

Traduzido do norueguês por Leonardo Pinto Silva

Capítulo 1

O porquê das drogas

São nove da noite e no bar ainda reina a tranquilidade. Um punhado de homens mais velhos e algumas mulheres, todos solitários, se concentram em ler os jornais ou têm o olhar perdido no horizonte. Tudo que querem é apenas beber seu drinque sossegados. Ouvem-se o tilintar dos copos no balcão, os arrastados das cadeiras e, ocasionalmente, o ranger da porta que se abre e deixa entrar mais um cliente. O recém-chegado olha em volta, meneia a cabeça e balbucia algo para alguém sentado mais ao fundo. Encontra uma mesa vazia, pendura a jaqueta no espaldar da cadeira e vai até o balcão onde o garçom havia começado a servir um copo de cerveja. Tira uma nota de cinquenta do bolso, avisa que o garçom pode ficar com o troco, dá um gole na bebida e comenta que está tão gelada quanto ontem. Está mesmo, confirma o garçom sorrindo. O homem pega o copo, apanha um jornal sobre o balcão e caminha sem pressa de volta à mesa.

Num beco, a poucos passos do bar, um grupo de indivíduos vai se aglomerando. Eles olham em volta desconfiados, ocultando o rosto sob o gorro dos suéteres puídos, como se estivessem em busca de algo ou de alguém. Vasculham nos bolsos as notas amarrotadas que vão passando de mão em mão, e, assim que garantem sua dose de heroína, tratam de encontrar um local seguro para aplicá-la. Alguns seguem para o parque, outros para a praça. Manuseiam rapidamente os utensílios — seringa, cânula, isqueiro, colher, soro —, acendem o fogo, aspiram o líquido, esticam o braço tentando encontrar a melhor veia. Quando a substância penetra no corpo, deitam-se para relaxar e desfrutar aquele entorpecimento até serem abordados e expulsos pela polícia. Eles recolhem atabalhoadamente seus pertences e voltam apressados para a penumbra do beco de onde saíram.

Mais tarde, naquela mesma noite, o bar está apinhado de pessoas rindo e falando alto. É final de mês em pleno verão, o salário foi creditado na conta, colegas de trabalho saíram juntos para celebrar. Os garçons correm entre as mesas equilibrando bandejas abarrotadas de cerveja e vinho. Em duas daquelas mesas o clima é ainda mais festivo, as pessoas estão bebendo champanha, e uma mulher em torno dos seus quarenta anos se levanta e diz algo sobre o quanto fizeram para merecer aquele instante. Finalmente, a reestruturação da empresa está terminada, e as perspectivas são promissoras. Hoje é o dia de uma nova era e a despesa do bar ficará por conta da firma. Todos brindam e meneiam a cabeça sorridentes. A conversa corre solta, e mais garrafas da bebida são servidas à mesa.

Uma lufada de vento sopra o cheiro adocicado da maconha pelas mesas na calçada. Algumas pessoas percebem e tentam identificar de onde vem. No parque logo em frente, uma turma de cerca de vinte adolescentes está reunida, todos radiantes em roupas leves de verão que deixam seus corpos à mostra. A churrasqueira improvisada está acesa, latas de cerveja e garrafas de vinho branco vão sendo tiradas das mochilas e um baseado passa de mão em mão. A temporada de provas finalmente chegou ao fim, meses de estudo e angústia deram lugar à sensação de alívio, e as tão aguardadas férias de verão estão logo ali. Uma garota se deita de costas na grama, rindo e esticando os braços para o alto. Até que enfim! A amiga se deita ao lado e as duas se abraçam às gargalhadas.

Na varanda de um bloco de apartamentos com vista para o parque, quatro homens na casa dos trinta anos apreciam o pôr do sol tardio. Todos estão sem os filhos, faz tempo que não passam um fim de semana inteiro juntos. O apartamento está arrumado e limpo, a esposa e os filhos do anfitrião estão na casa dos sogros. Tudo foi meticulosamente planejado para os próximos dias. A despensa está abastecida com boa comida e a adega foi reforçada com vinhos recém-lançados na primavera, mas a estrela da noite será o MDMA. Eles vão até a sala, desembrulham os cristais e separam quatro pequenas doses. A droga é colocada sob a língua, e os jovens pais deitam-se no chão e esperam. A batida da música começa a reverberar no corpo, eles se levantam, dois começam a dançar, dois se abraçam. Sorriem, sentem-se bem onde estão e decidem não sair para a balada, acham melhor ficar em casa.

Escurece e a temperatura cai rapidamente. Os parques se esvaziam, os frequentadores vão migrando para os bares e as boates. As filas para entrar são longas, alguns desistem e decidem voltar para casa. Antes, fazem uma parada num trailer de comida para um lanche. Ao redor há muita gente embriagada, pessoas que vêm bebendo sem parar há horas. Uma mulher se agacha e engulha, uma amiga vem acudi-la. Um homem se apoia com as mãos nos joelhos e vomita, o colega ao lado começa a rir. Um carro de polícia passa devagar pela rua ignorando tudo e aciona a sirene apenas para anunciar sua presença.

Não demora para o silêncio voltar a cair nas ruas. As filas de pessoas procurando táxis se dispersam e os motoristas tentam conseguir uma derradeira corrida. Há restos de cachorros-quentes, hambúrgueres e cacos de vidros espalhados por todo lugar. Os garis já começaram a varrição. Dois rapazes e uma mulher reviram um contêiner, ansiosos e com as pupilas tão dilatadas que mais parecem uvas, procurando tesouros descartados ali pelos moradores do prédio de apartamentos. *Olhem só isso!* Eles tagarelam sem parar, enchem um saco de plástico e seguem adiante em busca de novos achados. A batida eletrônica e as risadas que vêm de uma janela aberta invadem a rua. *Olhem só o que eu trouxe!* Uma rolha estoura, eles comemoram e continuam a dançar. A noite não tem hora para terminar. Alguém comenta que sabe onde há um buraco aberto na cerca do parque e, em breve, é lá onde todos estarão deitados no gramado esperando o nascer do sol.

    Às oito da manhã o garçom abre as portas do bar, e minutos depois um senhor idoso chega com um jornal debaixo do braço. Ele dá bom-dia e aponta para a chopeira. O garçom enche um copo e o serve no balcão, o homem pega a bebida, senta-se junto à janela e admira a cidade que desperta para a vida. Eis um dia qualquer num grande centro urbano do Ocidente. Uns tomando a cervejinha da sexta-feira na companhia de colegas, outros bebendo sozinhos de manhã no balcão do bar, alguns amigos fumando um baseado num parque, num beco adiante outros se aplicando heroína. As pessoas procuram as drogas* de múltiplas formas, com substâncias diferentes e em quantidades diversas. O que todas querem é se drogar, e é essa a característica comum a todos esses cenários.

    O autor destas linhas vem estudando o tema há mais de dez anos, inclusive políticas públicas de álcool e drogas e a relação dos jovens com entorpecentes em geral. Minha tese de doutoramento foi sobre a cerveja servida em bares ainda pela

---

*N.T.: A palavra norueguesa rus designa não apenas a droga, mas também o entorpecimento ou intoxicação que provoca, e inclui também o álcool etílico, ainda que não implique, necessariamente, um juízo de valor nem sobre o consumo nem sobre os efeitos dessas substâncias no organismo. Por concisão, exceto quando expresso de outra maneira, a tradução optou por usar "droga" (e não outro sinônimo como "narcótico", por exemplo) para referir indistintamente a quaisquer substâncias que inebriem e alterem a percepção e a consciência, inclusive o álcool.

manhã, assim que abrem as portas. Fiquei fascinado com a rotina de pessoas que acordam, algumas talvez tomem até uma ducha e escovem os dentes, saem de casa, tomem um ônibus ou metrô e terminem a viagem num bar para um desjejum de cerveja. Ao longo de mais de três anos, passei 130 manhãs visitando regularmente um punhado de bares que abrem as portas entre oito e nove horas da manhã. Bebi, conversei com outros frequentadores e observei o desenrolar das relações sociais naquele ambiente. Com base nesse pano de fundo, escrevi sobre alcoolismo, sobre as interações sociais e sobre as dificuldades de parar de beber, mas não me detive particularmente sobre os efeitos da bebida.

Pode-se afirmar, correndo o risco de incorrer numa generalização indevida, que quem pesquisa drogas não está tão preocupado com as substâncias em si, mas, sim, em estudar os problemas que ocasionam, os efeitos nocivos de seu uso. Essa, obviamente, é uma tarefa importante. Uma longa lista de problemas resulta direta ou indiretamente do consumo de drogas, inclusive o álcool. Vão desde danos ao fígado causados pela ingestão prolongada e abusiva de álcool até uma luxação no tornozelo numa pista de dança em decorrência da empolgação de alguém que bebeu algumas doses a mais; da psicose desencadeada por alucinógenos potentes até uma depressão leve após um fim de semana consumindo ecstasy, para não mencionar outras consequências como violência, acidentes de trânsito, abandono parental e dissolução familiar. A lista é longa, por vezes terrível, e é relevante.

As pessoas estão cientes desses perigos potenciais, mas mesmo assim procuram se drogar, continuamente — e isso inclui até mesmo aquelas que pesquisam as drogas. Por quê? Um aspecto importante da questão, evidentemente, é que maioria das situações em que drogas são consumidas não resulta em maiores problemas. O risco, na maioria das vezes, é mínimo. No entanto, a aparente ausência de problemas não é a explicação. As pessoas não recorrem a cálculos estatísticos para concluir que o risco é pequeno e vale a pena tomar um trago, aspirar uma carreira ou engolir um comprimido. Não é porque as drogas *não* resultam em problemas que se recorre a elas, mas pelo que oferecem de positivo. O efeito que causam é importante e acrescenta algo à vida de quem as consome. É disso que trata este livro.

Há quem busque as drogas com mais frequência, por vezes até diariamente. Nesses casos, a fissura pela droga, a ânsia pela próxima dose depois de um período afastado dela, é em si um problema, e o risco de danos aumenta. A probabilidade de repercussões físicas, mentais e sociais é maior quando o consumo de drogas é recorrente. Não obstante, me preocupo em estudar como esse consumo permanece significativo a despeito disso, inclusive quando seus efeitos danosos têm base em critérios objetivos. É também sobre isso que trata este livro.

Natureza e cultura

As drogas causam uma mudança na consciência. Desencadeiam coisas no cérebro que alteram a relação entre o indivíduo e seu entorno. O mundo parece diferente, não por ter sido de fato *transformado*, mas porque alguns processos químicos alteram a percepção que temos dele. Se a dosagem for alta o bastante, a consciência pode mudar de uma maneira que foge ao nosso controle. Nossas funções cognitivas e corporais assumem vida própria — não conseguimos nos imaginar sóbrios, nem interromper as alucinações por vontade própria, e, no caso de uma ingestão abusiva de álcool, por exemplo, não conseguimos sequer caminhar em linha reta, por mais que tentemos. Uma dimensão das drogas é puramente natural — um homem demasiado bêbado não conseguirá se firmar de pé, ainda que tente, e ao fim e ao cabo cairá no sono.

Ora, isso em si é muito interessante. São raríssimas as situações em que as drogas resultam num estado em que a fronteira que distingue o ser humano dos demais animais fica esmaecida. Em todos os estágios do consumo, antes que a natureza assuma as rédeas por completo, é a cultura quem determina as bases e diz onde, quando, com quem e com o que devemos nos drogar. A cultura nos fornece normas e regras inclusive para consumir substâncias entorpecentes, e uma das mais difundidas é a seguinte: não devemos ser reduzidos a uma simples massa biológica incapaz de cuidar de si.

Desse modo, podemos dizer que as drogas são tanto um construto cultural quanto uma condição neurobiológica. Sendo assim, examinaremos a neurobiologia e o cérebro primeiro. O que acontece no corpo quando se está sob o efeito de drogas?

Drogas como processo cerebral

O que acontece é que diversos mensageiros químicos, chamados neurotransmissores, são acionados entre os neurônios nas áreas conhecidas como sistemas de recompensa do cérebro. Os efeitos disso variam conforme a substância em questão. A dopamina traz uma sensação de alegria e felicidade, as endorfinas são semelhantes e também aliviam a dor, e a serotonina afeta o humor e pode nos tornar extremamente afetuosos. Existem vários outros neurotransmissores, mas estes são os mais importantes quando falamos de drogas. Mediante o consumo de uma substância psicoativa, a quantidade e o comportamento desses neurotransmissores são afetados, o que por sua vez pode desencadear uma mudança no humor, na cognição e na experiência sensorial.

Não é necessário consumir drogas, porém, para que os sistemas de recompensa sejam ativados. Basta o som gorgolejante do vinho alcançar o canal aditivo para os centros de recompensa serem postos de prontidão. O cérebro antevê o que está por vir e fica contente. Ele já sabe que o sabor é agradável, que o efeito é desejado e se prepara para o que virá a seguir. Tais processos neurobiológicos não advêm da bebida em si. O álcool nem começou a agir, mas os centros de recompensa aprenderam com experiências anteriores e são acionados de antemão. Isso indica que os mecanismos cerebrais que nos deixam inebriados independem da ingestão real de uma substância psicoativa.

Em vez disso, há razão para afirmar que a capacidade de experimentar as drogas está profundamente arraigada na biologia humana. Somos constituídos de tal modo que somos recompensados, experimentando uma forma de entorpecimento, ao fazermos aquilo que é mais necessário para nossa sobrevivência: quando nos alimentamos e quando fazemos sexo. Ou, como diria Hans Christian Andersen: tudo na natureza é tão sabiamente ajustado que só de imaginar nos chega a ser prazeroso.

O cérebro consome muita energia e possui um mecanismo próprio para obtê-la. Quando o corpo ingere alimentos, especialmente aqueles que contêm muito sal, açúcar e gordura, uma grande quantidade de dopamina é liberada no cérebro e o corpo é inundado por uma sensação de satisfação. Há uma explicação evolucionária para que essas substâncias em particular tenham esse efeito. Quando nossos ancestrais vagavam pelas planícies africanas, 150 mil anos atrás, a oferta de alimentos ricos em energia era bem mais limitada do que hoje. Se o menu do dia incluísse carne de javali e frutas doces, a resposta cerebral era bem maior se comparada à da ingestão de plantas de menor oferta energética. Assim sendo, houve um incentivo natural para a procura por alimentos salgados, doces e gordurosos, que resultavam em sensações mais agradáveis ao ser humano. Hoje em dia, em certas regiões do mundo, o consumo excessivo desses alimentos se tornou um problema, mas isso não leva em consideração os centros de recompensa cerebrais; essas variáveis não são suficientes para terem afetado a evolução. O cérebro continua a nos inundar de prazer quando comemos alimentos ricos em calorias.

Acionar os sistemas de recompensa traz repercussões óbvias também para a reprodução. Não temos acesso à intimidade dos nossos ancestrais, mas sabemos que os centros de recompensa no cérebro sinalizavam que aquele ato lhes dava tanto prazer que queriam repeti-lo. Não fosse pela dopamina, talvez eles nem se dessem o trabalho. Muita coisa acontece no cérebro durante o sexo e, sobretudo quando se chega ao ápice com um orgasmo, várias regiões cerebrais são ativadas. Os feromônios circulam intensamente e a recompensa é generosa.

Os processos químicos que proporcionam uma experiência inebriante ocorrem naturalmente quando o ser humano realiza duas de suas atividades mais essenciais: se alimentar e se reproduzir. Além disso, muitos indivíduos são recompensados pelos mesmos neurotransmissores exercendo também outras atividades, por exemplo, em imersões na natureza, exercitando-se ou ouvindo músicas arrebatadoras. Essas experiências são o que podemos chamar de naturalmente inebriantes.

Logo, se o corpo é capaz de produzir uma experiência inebriante de uma maneira bastante natural e, em muitos casos, de graça, por que buscamos também outras substâncias psicoativas?

Se você estiver apaixonado e feliz, terá uma quantidade incomum dos neurotransmissores dopamina e feniletilamina — substâncias também abundantes no chocolate, aliás — fluindo entre os neurônios. O corpo estremece só de pensar na pessoa amada, não importa se de manhã, de tarde ou de noite. É fisicamente desgastante, chega a ser exaustivo, mas é inegavelmente prazeroso. Relatos de pessoas que viveram boas experiências com MDMA sugerem que esse sentimento intenso se multiplica. A paixão não é dirigida a alguém especialmente, mas ao mundo. A pessoa é inundada por uma sensação de amor e empatia difusas, um amor que não conhece limites. Experiências prazerosas na natureza também podem ser intensas. Muitos sentem esse arrebatamento quando escalam o cume de uma montanha e admiram a vastidão da paisagem a seus pés. Hormônios são liberados e a sensação de prazer se espalha pelo corpo inteiro. É mais do que suficiente para apreciar os tons das cascas das árvores, um riacho serpenteando ou a coloração das folhas, detalhes que, de repente, assumem uma relevância enorme e transmitem uma sensação de conexão com a magnitude e a complexidade da natureza. Certas substâncias resultam em tantas sensações que os próprios sentidos passam a necessitar de muito pouco.

Inebriar-se sem o uso de aditivos pode ser intenso e prazeroso, mas pouco tem a ver com os efeitos que certas drogas proporcionam. Se seus amigos planejaram uma noite com bebidas, maconha ou MDMA, certamente ficarão decepcionados se em vez disso você lhes propuser apreciar o pôr do sol. Não por subestimarem a beleza que um pôr do sol pode oferecer, mas por outras razões. E, neste livro, nossa atenção está voltada para os efeitos proporcionados pelas drogas. Mesmo assim, é importante ter em mente que a alteração da consciência é um estado natural da espécie, não algo que o homem moderno descobriu. Como veremos em breve, tampouco é um fenômeno contemporâneo recorrer a diferentes substâncias para induzir essas alterações.

Drogas artificiais?

Antes de deixar de lado as drogas naturais, vale a pena refletir sobre o próprio termo "natural". Uma vez que os mecanismos internos do corpo capazes de proporcionar sensações inebriantes são naturais, atingir esse estado valendo-se de substâncias externas seria "antinatural"? Artificial e falso?

Aos quinze anos, eu era um adolescente enfadonho e moralista. Achava que os colegas de classe que haviam começado a beber, alguns dos quais também fumavam haxixe, eram falsos. A alegria, o entusiasmo e o senso de pertença que demonstravam não eram genuínos, eles simplesmente estavam sendo tapeados pela droga e pelo álcool. A mudança na percepção que tinham do mundo não resultava dos mecanismos internos do corpo, mas de um ou mais aditivos. Trapaça?

Essa constitui a objeção moral ao uso das drogas, e não vou me deter muito sobre ela. Parto do princípio de que as pessoas estão constantemente procurando maneiras de alterar a consciência. Algumas vão à igreja, algumas escalam montanhas, outras vão a estádios de futebol e todas agem assim para alcançar um estado de espírito que lhes agrada. Buscamos comunhão com certas coisas e não com outras porque aquelas nos fazem sentir bem. Às vezes, preferimos croissants frescos em vez de mingau de aveia no café da manhã porque têm um gosto bom e deixam a refeição menos sem graça. E o que dizer do primeiro café do dia? Ele é particularmente interessante, justo porque contém uma substância estimulante do sistema nervoso central, a cafeína. O café da manhã tem um efeito adicional ao sabor delicioso. Ele altera a consciência, mexe com nossa percepção de mundo.

Nossa existência consiste em grande medida em ajustar a consciência na direção de algo que valorizamos. As drogas são uma ferramenta eficaz para esse propósito, e é difícil condenar o uso desse artifício em detrimento de outros. Claro que há situações em que devem ser evitadas. Não é recomendável sentar ao volante do carro tendo um nível elevado de álcool no sangue, ou fazer uma viagem psicodélica quando se é o responsável pela segurança das crianças, mas estamos falando de questões completamente distintas. Se não há garantias de que alguém se comporte bem estando ébrio, o mesmo vale para quando estiver sóbrio. Meu ponto é que as drogas, numa acepção estritamente moral, não ficam atrás de uma visita à igreja, de uma ida ao estádio ou de uma trilha pelas montanhas no que diz respeito à busca por um estado desejado de consciência.

A ideia das drogas como um caminho antibiológico e artificial para chegar a esse estado também está relacionada a outra percepção, isto é, a de que nos afastam da verdadeira realidade. O que dizer do seguinte caso, ocorrido com um conhecido: a caminho de casa depois de uma bela noitada, dessas em que as conversas, a dança, a bebida, tudo estava simplesmente perfeito, ele se deita no asfalto quente do verão e olha para o céu. A Lua brilha no alto, uma lua cheia, que lhe transmite uma sensação de harmonia cósmica. O mundo está interconectado e é belíssimo, até ele se dar conta de que está simplesmente admirando a luz do poste. No intervalo de um segundo, ele vai da harmonia à comédia, começa a rir e se sente ainda melhor.

A situação mostra que ele estava completamente equivocado. Não foi a lua cheia que lhe causou essa quase epifania, mas um simples poste de luz. Mesmo assim, até perceber o erro, a luz que interpretou como sendo a Lua era tão real quanto o poste veio a se tornar em seguida. Se não tivesse descoberto a confusão a tempo, a Lua seria para sempre sua companheira ali no asfalto. A experiência foi tão verdadeira quanto a própria Lua, embora não fosse, na realidade, o astro que ele estava admirando.

Quem faz juízo de valor sobre as drogas com adjetivos como "anormal" e "antinatural" talvez esteja mais preocupado com a confusão entre a Lua e o poste de luz aqui mencionada. Esse é um dos efeitos das drogas: nos fazer acreditar em coisas que não são verdadeiras. Há algo *fundamental* nisso. Certas drogas, como o álcool, retardam nossa percepção, nossas reações e nossas habilidades cognitivas. Corremos um risco maior de cometer erros de julgamento, nosso discernimento fica comprometido, reagimos com lentidão e nosso raciocínio fica empastelado, especialmente se bebermos em grande quantidade. Essa faceta da embriaguez possivelmente contribuiu para que o sujeito estendido no asfalto tomasse a luz do poste pela própria Lua, mas se quisermos entender os porquês da embriaguez, talvez seja mais importante enfatizar o outro lado dessa história: a experiência foi igualmente real, a despeito do que ele estava realmente observando.

A filosofia nos propõe uma questão fundamental: o que é a realidade? Sob efeito de drogas, nossa consciência e nossa percepção do mundo que nos rodeia se alteram. Seriam essas percepções falsas? Experimentamos então uma versão artificial e falsa de um mundo real e autêntico?

Na década de 1920, dois sociólogos, o casal Thomas, criaram um atalho para responder essas questões. Em vez de se ater à questão da realidade *per se*, eles formularam o chamado teorema de Thomas: se algo é percebido como real, então se torna real em suas consequências.[1] Eis aqui uma abordagem pragmática de um dos eternos dilemas da filosofia. A conclusão simples a que os sociólogos chegaram foi que as pessoas alinham suas ações de acordo com a forma como uma dada situação é definida e vivenciada, independentemente de essa situação ser objetivamente mal interpretada. Isso transparece mais em pessoas psicóticas, cujos delírios são reais. Trabalhei alguns anos numa enfermaria psiquiátrica e vivenciei o teorema de Thomas diariamente. Nem sempre era fácil entender o comportamento excêntrico de alguns dos pacientes, mas às vezes éramos brindados com uma explicação. Um dos pacientes, por exemplo, tinha medo de pisar numa determinada linha do chão. Cada vez que se aproximava dela, olhava para baixo e dava um passo além, pois, caso tocasse na linha, provocaria um terrível acidente: um conhecido seu cairia de uma determinada ponte. Não à toa, era preciso evitá-la. Outro exemplo são as crianças que têm medo de fantasmas ou monstros debaixo da cama. É certo que não existem, exceto na mente delas, e isso é mais do que suficiente. O sentimento do medo existe porque os seres debaixo da cama são percebidos como reais.

    Esses dois exemplos esclarecem bem a questão, mas o mecanismo não se aplica apenas a crianças e pessoas com psicose. Até para os adultos comuns, experimentar algo como verdadeiro é crucial, é nisso que balizamos nossa trajetória pelo mundo. Às vezes ocorre de interpretarmos mal uma situação, objetivamente, e mesmo assim agirmos com base nesse erro, porém muitos dos caminhos que escolhemos trilhar não têm, necessariamente, um fundamento real e objetivo. E quanto a fatores como identidade, sociedade, amor, liberdade? Todos são aspectos centrais das experiências com drogas. Faz sentido falar de uma identidade verdadeira, uma realidade comunitária única, de uma noção de amor e de liberdade das quais as drogas nos distanciam?

Esses são alguns dos dilemas de considerar as experiências com drogas artificiais e antinaturais. Pois, caso as drogas realmente levassem a uma experiência artificial e falseada da realidade, deveria então haver um possível estado de sobriedade que nos franqueasse um acesso direto a uma realidade imaculada, desprovida de qualquer impureza. Não é bem assim. Nesse caso, seria preciso comprovar. Se tomarmos como ponto de partida aquilo que as pessoas dizem sobre suas experiências com drogas, é provável que esses relatos mencionem uma aproximação com algo. Fica-se mais próximo de si mesmo e de sentimentos que o cotidiano e a consciência mantêm ao largo. Esse contato não nos afasta de uma experiência verdadeira de liberdade e amizade e a substitui por outra, artificial e falsa. A exemplo dos pensamentos, percepções e emoções que têm lugar na consciência, a experiência com as drogas é tão real e genuína quanto qualquer outra.

Talvez seja justamente por oferecem experiências reais e significativas que as pessoas sempre tenham recorrido às drogas.

A história das drogas

Os seres humanos têm uma relação intencional com as drogas desde o início da história e em todos os lugares por onde passaram. Em circunstâncias as mais diversas, as drogas também tiveram um significado muito diferente. Um breve relato histórico de algumas das drogas de maior relevância histórica pode demonstrar isso e, ao mesmo tempo, nos lembrar de que o propósito ao recorrer a várias dessas mesmas substâncias hoje em dia não é, de forma alguma, algo inato.

Comecemos pela pedra fundamental da nossa civilização, a Grécia Antiga, período e lugar de conceitos filosóficos e políticos vigentes nos dias atuais. Uma arena central para o desenho dessas ideias foram os simpósios. Em nossa sociedade, alguns eventos também levam esse nome, talvez uma derivação um tanto pomposa de alguma conferência ou seminário em que os participantes fazem palestras discorrendo sobre um tópico específico. O que talvez seja menos conhecido é o papel do vinho nos simpósios gregos. O álcool pode ser um ingrediente-chave também em simpósios contemporâneos, mas é restrito aos jantares e às comemorações, não como um pretexto declarado para participar do evento. Na Grécia Antiga, beber sempre era o objetivo principal. A palavra "simpósio" deriva do verbo "*sympotein*", que significa justamente "beber acompanhado".

O famoso diálogo platônico *O banquete* [*Simpósio*, no original grego] inicia com os convidados discutindo como deverão beber. A discussão trata da proporção ideal entre água e vinho, quantas crateras de vinho deveriam ser servidas, o tamanho das crateras, o tamanho dos cálices. Como já estivessem um pouco bêbados da noite anterior, os convivas optaram pela moderação, três crateras.[2] Ou seja, já sabiam que a quantidade de álcool poderia afetar o bom andamento do simpósio e não queriam que o evento desandasse. O potencial para isso acontecer é descrito por Dioniso, deus da fertilidade e do êxtase, numa peça de Eubuleu, na qual o deus explica a importância da quantidade de crateras com vinho: uma para a saúde, a outra para o amor e o prazer, a terceira para dormir. Depois da terceira cratera, o sábio vai para casa. Se o objetivo fosse realmente se exceder, a quinta cratera seria para gritar, a sétima para celebrar a ebriedade... a nona para a bile e a décima para a insânia e para atirar a mobília aos quatro cantos.[3]

Mesmo se às vezes as coisas pudessem fugir ao controle, Platão acreditava que os simpósios eram um instrumento muito valioso para a política e a arte. Essa afirmação é corroborada pelo historiador Bjørn Qviller, que examinou o papel social e político dos simpósios na Grécia Antiga. Segundo ele, os simpósios promoviam a amizade, favoreciam a integração social e política, proporcionavam rituais que transformam os inimigos em amigos e eram instituições fundamentais para a tomada de decisões políticas. E, sem vinho, não havia simpósio. Qviller ainda escreve que "os gregos descobriram a política porque tinham acesso irrestrito à bebida".[4] A larga oferta de vinho resultou em simpósios mais frequentes e lançou as bases de uma forma de convivência e prática política que inspirou os ideias democráticos de liberdade, cidadania e igualdade.

Da festa ao fármaco, do pecado à vergonha

A Noruega jamais franqueou o mesmo acesso às bebidas alcoólicas a seus habitantes — e nem por isso deixou de ser uma democracia. O hidromel, a cerveja e as bebidas espirituosas têm um grande significado histórico e cultural na Escandinávia. O álcool em especial é um item obrigatório na celebração de feriados e eventos especiais, como a chegada da primavera, em festividades como casamentos e confirmações e até mesmo em funerais. A bebida fermentada era tão importante que, em períodos da Idade Média, os agricultores eram obrigados a assegurar uma cota mínima dessa produção. Um fazendeiro que não a cumprisse seria multado, por exemplo, em uma rês, que passava a ser propriedade do bispo local. Se o episódio voltasse a se repetir, a penalidade poderia ser, na pior das hipóteses, o degredo.

Esses regramentos deixam claro o quão a cerveja era importante. Não era apenas um ingrediente qualquer no convívio social, mas um elemento-chave. Até regras menos formais, como oferecer uma caneca de cerveja na chegada de um convidado, sugerem o mesmo. Na saga de Egil Skallagrimson, lê-se que quando um anfitrião quebrou essa norma e serviu coalhada em vez de cerveja, Egil teve uma reação intempestiva. Primeiro cuspiu no anfitrião e ameaçou matá-lo, mas limitou-se a perfurar-lhe um dos olhos. O sabor e a qualidade da cerveja eram pranteados e havia muitas receitas e regras associadas ao fabrico da bebida. Ao mesmo tempo, seus efeitos também eram motivo de preocupação. No norreno (nórdico antigo), há vários termos para referir as diferentes variações de humor que a bebida pode proporcionar.[5] O mais genérico é ölr, cuja tradução mais simplificada pode ser "embriaguez". *Refir* significa "alegre", "contente", "amistoso", e ölrefir, por sua vez, diz respeito ao lado vivaz da intoxicação por álcool. Óor significa "colérico", "irritado" e "furioso", enquanto ölóor refere-se aos efeitos mais sombrios causados pela bebida. Além disso, o radical öl [cerveja] é encontrado em várias outras aglutinações, por exemplo ölværo, traduzido como "benevolência" e "hospitalidade", e ölværliga, que significa "benevolente", "gentil". Algumas pessoas afirmam que os inuítes possuem centenas de palavras para significar "neve", tamanha é sua importância na cultura local. O homem do medievo norueguês não podia se gabar do mesmo em relação à cerveja, mas nem por isso a bebida deixou de ter essa mesma relevância.

Se os processos químicos que resultavam na ölr dos vikings, bardos e escravos mais de mil anos atrás permanecem inalterados, o mesmo não se pode dizer, por exemplo, da abordagem que temos em relação ao álcool hoje em dia.*

---

* N.T.: A noção de extrema liberalidade associada aos países nórdicos contrasta com a relação de veneração e controle que costumam ter com o álcool. A venda de cervejas comuns (cerca de 4,5% GL) em supermercados é restrita, e os produtos não podem estar à vista do consumidor. O varejo de bebidas de teor alcoólico superior a esse é regulado por um monopólio estatal na Noruega, Suécia, Finlândia e Islândia, sendo a Dinamarca a única exceção. Em quaisquer dos casos, os preços são exorbitantes mesmo para o elevado padrão local. Há cotas mensais por habitantes, horários rígidos de comercialização e, em determinadas conurbações (comunas), até a produção artesanal e a venda de bebidas alcoólicas em bares e restaurantes podem ser inteiramente proibidas.

Ainda que hidromel e cerveja integrassem a dieta, o álcool era antes de tudo um instrumento de prazer e diversão, essencial nas festas e celebrações. A chegada dos destilados no século XVI transformou essa realidade. No começo as bebidas espirituosas eram, sobretudo, usadas como remédio. A palavra *dram* [uma dose de destilado] está associada a essa propriedade e se origina no grego *drahm*, uma medida correspondente a ⅛ de onça líquida (3,888 gramas). O licor era considerado uma espécie de remédio universal, empregado contra qualquer enfermidade, desde sífilis, derrames e cólicas, até "mau-olhado e infortúnios do coração".[6]

Com o tempo, os médicos foram perdendo o monopólio sobre os destilados. Continuaram a ser empregados como remédios, mas adquiriram a condição de coadjuvantes na melhora das funções corporais numa acepção mais cotidiana, mais ou menos como hoje se diz do extrato de mirtilo, do óleo de fígado de peixe e dos suplementos vitamínicos. O álcool revigorava, aquecia e curava. Um bom trago de destilado era considerado essencial para resistir às agruras da faina diária. Na década de 1820, os pescadores do extremo norte norueguês tinham a autorização do delegado local para embarcar com um *pel* (cerca de 250 ml) de destilado por dia. Àqueles que protestaram o homem da lei mandou avisar que "só pode se queixar disso quem não se inteira do assunto",[7] referindo-se às duríssimas condições em que os pescadores trabalhavam. Também entre os agricultores era comum tomar um trago tanto antes como depois da labuta. O destilado foi se tornando cada vez mais corriqueiro. Havia quem o bebesse no desjejum, no início da jornada de trabalho, como aperitivo antes das refeições e numa derradeira dose para ajudar no sono. Além disso, também havia as celebrações, com cerveja, vinho e bebidas espirituosas.

Em 1830, o consumo de destilados chegou a doze litros por pessoa por ano, contra sete litros na virada do século. A comparação com o consumo atual, de 1,5 litro, chega a ser irrisória. Talvez não seja tão surpreendente que justamente nesse período foram criadas as primeiras organizações de abstinência e temperança — e o apoio que arregimentaram foi grande. Em 1850, a maior delas, a Associação Norueguesa contra os Destilados, contava com 2 mil sucursais locais e 25 mil filiados. As forças pietistas na Igreja desempenharam um papel central nesses movimentos, professando a mensagem de que o álcool era pecado e desviava as pessoas de uma vida condizente com a palavra de Deus. Os círculos científicos também iniciaram suas pesquisas, e o primeiro grande estudioso sociológico da população norueguesa, *Sobre o estado de sobriedade na Noruega*, de Eilert Sundt, ajudou a consubstanciar a ideia do álcool como um problema. Sundt cunhou a expressão *mal da bebida*, e em sua pesquisa referiu-se àqueles que bebiam demais como *decaídos*. Dessa forma, o assunto ganhou relevância na arena política, uma vez que cidadãos decaídos têm pouca serventia. A segunda metade do século XIX foi marcada por uma série de restrições às bebidas alcoólicas, afetando horários e locais de produção.

A ligação entre ciência e política tornou-se ainda mais evidente na transição para o século XX, quando cientistas e médicos se uniram na luta contra o álcool. Uma figura-chave nesse contexto foi o médico e abstêmio Johan Schaffenberg, cuja motivação central era esclarecer o público sobre os efeitos negativos do álcool no corpo e na mente. O homem moderno precisava estar informado dos efeitos deletérios do álcool, pois, uma vez que o cidadão de bem estivesse ciente desses perigos, somente os fracos e degenerados sucumbiriam a eles. Enquanto os cristãos acreditavam que o álcool era pecado, a palavra da ciência apontava mais na direção da vergonha. O bebedor era aquele que, desprovido de autocontrole e dignidade, se deixava cair em tentação dada sua personalidade fraca e imprestável. Em sua luta incansável, Schaffenberg também transformou a questão da abstenção em algo proveitoso também para a política, calculando quanto a sociedade ganharia caso se livrasse do álcool para sempre. Ele chegou até a propor equações matemáticas, a linguagem infalível, para mostrar como a saúde pública melhoraria e o crime despencaria se o álcool fosse simplesmente erradicado.

Os políticos se somaram à campanha, e é a partir de alianças cada vez menos claras entre Igreja, ciência e política que se compreende o período de proibição iniciado na década de 1920. Qualquer um agora poderia ser preso sem maiores explicações pela simples posse de algo que, até bem pouco tempo atrás, era um elemento essencial a várias formas de socialização.

Ao longo da história, o álcool foi marcado por diferentes cargas de significado, em que as narrativas dominantes versavam sobre rituais, celebração, medicina, vigor, alegria, pecado, vergonha e crime.

Heroína contra a tosse

Na Ásia, o ópio tem uma história semelhante à do álcool no Ocidente, alternando períodos ora como remédio, ora como narcótico. Na Índia do século XVI, o ópio era empregado sobretudo como remédio e ocupava uma posição análoga às bebidas alcoólicas na Noruega. Era uma panaceia indicada contra uma série de condições e enfermidades, mas destinava-se a rituais e ao consumo recreativo — era costume, por exemplo, oferecer um pouco de ópio aos convidados numa recepção.

A China é o país onde o ópio está historicamente mais ligado ao uso como entorpecente. Nos séculos XVIII e XIX, o consumo de ópio se popularizou. Nas classes mais abastadas, a substância alcançou um status que lembra o do vinho na nossa época. Os consumidores valorizavam a maneira como a droga era produzida, e a qualidade e o preço variavam conforme aparência, cor, consistência, potência e aroma. Até mesmo a safra era importante para os fumantes de ópio mais abastados, nada muito diferente dos entusiastas do vinho atuais. Detalhes como esses não importavam para as classes mais baixas, que consumiam o ópio que estivesse disponível. Boa parte do consumo ocorria em âmbito privado, mas também era institucionalizado em bares de ópio. Havia aqueles destinados à classe operária, sujos, escuros e lúgubres, enquanto outros, voltados ao público mais abastado, eram limpos, claros e arrumados. Somerset Maugham, escritor britânico, visitou um salão de ópio para os ricos e ficou impressionado com o aspecto agradável do lugar. As pessoas pareciam felizes, sentavam-se e liam ou conversavam pitando um cachimbo, e isso remeteu às cervejarias finas e agradáveis de Berlim, nas quais os clientes desfrutavam da bebida e passavam suas noites de ócio.[8]

Consumir ópio popularizou-se em certa medida no Ocidente, mas principalmente como remédio, não como substância de uso recreativo. Era considerado relativamente inofensivo e estava facilmente disponível na maioria dos países. Na Europa, o ópio era ingrediente de algum tipo de medicamento presente na maioria dos lares e indicado contra todos os tipos de doenças. Extraída da papoula no início do século XIX, a morfina se revelou mais apta como droga do que o próprio ópio. Sua produção começou em 1874, e depois disso a substância foi sendo empregada como medicamento. Quem quer que apanhasse um resfriado por volta do ano 1900 poderia passar na farmácia e comprar um xarope antitussígeno à base de heroína. Contudo, um efeito colateral dos opiáceos como morfina e heroína ficou evidente: a abstinência que causam depois de cessado o uso.

Com o passar do tempo, as consequências negativas do uso de ópio, morfina e heroína foram se tornando mais conhecidas e, em 1909, realizou-se a primeira Conferência Internacional do Ópio em Xangai, na China. O objetivo inicial era chegar a um acordo para limitar o comércio internacional. Seguiram-se várias conferências e, em 1912, foi assinada em Haia, nos Países Baixos, a primeira convenção internacional sobre drogas, que exigia que os países controlassem e combatessem os opiáceos. O uso diminuiu, mas ao mesmo tempo estavam lançadas as bases tanto para o comércio ilegal como para as novas dimensões que essas substâncias adquiriram. A morfina manteve o status de fármaco que ainda possui, enquanto a heroína ganhou um significado completamente redefinido. Em poucas décadas, deixou de ser um medicamento que se podia comprar na farmácia para ser uma droga cujo porte pode resultar em prisão. Da última metade do século XX até hoje, esse status se manteve — uma droga de rua que mandou centenas de milhares de pessoas para a prisão e para o túmulo.

Shiva e castigo

Nos últimos anos, vários estados norte-americanos legalizaram a cânabis (maconha), e, quando um novo mercado abre as portas nos Estados Unidos, abre-se também um paraíso para os empreendedores. A mão invisível do mercado fica livre para criar produtos como *ganja gummies* (jujubas), *funny honey* (mel) ou *highgasm* (preservativo), todos derivados da cânabis. Os empreendedores já podem contar, inclusive, com birôs de design e agências de publicidade especializados em produtos canábicos. Era uma realidade assim que Henry Anslinger, que por três décadas esteve à frente da DEA, a agência federal de combate às drogas dos Estados Unidos, quis evitar quando lançou, ainda na década de 1930, campanhas para proibir a maconha. Num célebre discurso no rádio, ele alertou a todos os pais que essa droga escravizaria seus filhos, e não apenas isso — "eles vão enlouquecer e incorrer em crimes violentos e assassinatos".[9]

Há um abismo separando as invectivas de Anslinger e os produtos canábicos da relação religiosa que os hindus cultivam com a planta da maconha. Nem jujubas nem loucura estão associadas à cânabis dos *Vedas*, as escrituras ancestrais que fundamentam a religião hindu. Em textos que datam de 3 mil a 4 mil anos atrás, a cânabis é mencionada como uma das cinco plantas sagradas, cujas folhas características são protegidas por entidades celestes. Nos *Vedas*, a maconha, chamada *Bhang*, é considerada um presente que o deus Shiva deu à humanidade para promover a alegria e erradicar o sentimento do medo. De acordo com as escrituras, Shiva descobriu a planta por acaso. Em busca de abrigo contra o sol escaldante, o deus adormeceu sob a copa espessa da planta, e ao despertar ficou intrigado e resolveu colher algumas folhas. Estava entristecido por causa de uma briga em família, mas assim que tocou a planta se sentiu revigorado e feliz. Por causa de sua relação especial com a maconha, Shiva é também conhecido como Senhor do Bhang.[10]

Dessa forma, há milhares de anos a cânabis vem desempenhando uma função ritualística na Índia e nos territórios vizinhos aos Himalaias. No âmbito da medicina popular, a planta também é largamente utilizada na região e, em alguns lugares como o Nepal, por exemplo, é indicada para o tratamento de diversas enfermidades — além disso, há evidentemente o consumo recreativo da maconha. A forma mais comum era preparar uma infusão e servi-la como bebida. Taças de chá de maconha eram servidas em festas e feriados religiosos como sinal de hospitalidade. Com o tempo, a cânabis passou a integrar o cotidiano de uma boa porção do continente indiano, seja como remédio, seja como divertimento ou em rituais religiosos.[11]

Também no mundo árabe e em áreas do continente africano, a cânabis tem uma tradição longa e semelhante, enquanto na Europa e no continente americano as raízes históricas são mais recentes. Nestes, o emprego da cânabis nunca teve tanta relevância nem popularidade. Uma exceção conhecida são as ilhas do Caribe, especialmente a Jamaica, mas nem mesmo lá a história é tão longeva. A introdução da cânabis na Jamaica está ligada aos hindus que vieram trabalhar nas plantações de açúcar, e apenas no final do século XIX a droga ganhou alguma relevância cultural, especialmente entre os rastafáris, um movimento político-religioso que considera a planta sagrada e ficou mais conhecido no restante do mundo por causa do reggae, dos dreadlocks e de outros símbolos característicos.

Historicamente, a cânabis sempre foi considerada inofensiva. O potencial da toxicidade da planta foi investigado em diversas ocasiões, inclusive pelas autoridades coloniais britânicas que queriam estudar o uso da cânabis pelos hindus no final do século XIX, mas as conclusões da The Indian Hemp Drug Commission foram que seu uso moderado não estava associado a problemas, fisiológicos, psicológicos ou de natureza moral. No entanto, a percepção da maconha como substância relativamente inofensiva mudou radicalmente ao longo do século XX.

O mesmo Anslinger mencionado anteriormente volta a ter um papel fundamental nisso. O homem que chefiou a DEA de 1930 a 1962 foi um dos ideólogos da guerra contra as drogas. Anslinger tentou construir seus argumentos em bases científicas, mas não obteve sucesso. Convidou trinta pesquisadores para discorrer sobre a maconha, mas de todos exceto um ouviu que a planta era relativamente inofensiva. Além disso, seu consumo não era amplamente difundido, e sim restrito a certos grupos minoritários e correntes contraculturais, como a cultura beat e o movimento hippie. Outra maneira de interpretar a forte mobilização contra a cânabis é enxergá-la como uma guerra às personalidades que desafiam a ordem social.

Como resultado, a maconha foi considerada uma ameaça real para a sociedade. Em 1964, passou a ser classificada como droga em todo o território dos Estados Unidos e, portanto, sujeita à proibição total imposta pela Convenção das Nações Unidas. Naquela época, a sociedade norueguesa tinha pouca experiência com a substância. A maioria da população mal tinha ouvido falar dela antes de ser apresentada à "pior tentação a que a juventude poderia ser exposta". Além disso, a relação entre cânabis e estilo de vida saltava aos olhos. Na capa do diário VG de 3 de setembro de 1963, lê-se: "Cabelos compridos e maconha: uma conexão direta". Nas páginas internas, um psiquiatra discorria sobre "monstros cabeludos" e sustentava que haveria uma "óbvia relação entre os cabeludos que vemos zanzando pelo centro de Oslo e o desejo que têm por experiências sexuais e estupefacientes". O periódico não estava sozinho nessa descrição da droga e de seus usuários. Todos os meios de comunicação, partidos políticos e organizações cerravam fileiras no mesmo lado quando a guerra contra as drogas terminou.[12]

Assim, a maconha se tornou quase um sinônimo para o termo "narcótico", e foi confundida com comportamentos desviantes e criminalidade até muito recentemente. Os partidos políticos noruegueses estão debatendo a legalização, ou seja, a venda legal de cânabis, enquanto o ministro da Saúde nomeou um comitê para avaliar a descriminalização, isto é, a proposição de retirar o consumo de drogas, incluindo cânabis, da lista de crimes previstos no Código Penal. É um sinal de que o preconceito vem cedendo, embora esteja longe de ser verdade que alguma celebridade de destaque venha a se declarar favorável ao consumo de cânabis sem que isso prejudique seu prestígio social ou profissional. Até mesmo numa reunião na escola de seu filho, seu capital social crescerá bastante se convidar todos os pais da classe para uma taça de vinho, mas correrá sérios riscos caso lhes apresente um baseado.

Essa reversão histórica remete a narrativas prevalentes sobre uma das drogas mais importantes para a humanidade. Ao mesmo tempo, é preciso lembrar que essas narrativas não determinam a importância nem reduzem o significado do consumo individual de cada entorpecente. As pessoas encontram espaço para ressignificar e criar usos alternativos para as drogas de modo a romper com a cultura dominante. Na Noruega de 1920, a proibição do álcool pairava sobre a sociedade como um punho opressor, envergonhando e dando aos consumidores a impressão de que eram criminosos. Mesmo assim, o consumo de álcool naquele período tampouco se deixou afetar pela proibição.

Substância, efeito e significado

Qualquer um que se proponha a estudar as razões do uso de drogas estará percorrendo um território de incertezas. A dosagem de alcoolemia pode ser determinada por um simples soprador ("bafômetro"), enquanto um scanner avançado é capaz de mapear os processos químicos que ocorrem no cérebro. Para determinar os porquês disso, porém, não há instrumentos. A motivação tem a ver com a importância que damos à droga, como a compreendemos e o que ela causa em cada um de nós. Não se trata de uma mensuração objetiva que pode ser aferida de forma inequívoca, e sim de um resultante da interação entre o usuário e o ambiente. Por isso, há uma grande margem de interpretação em tudo que afirmamos sobre o tema. A motivação da embriaguez pode ser debatida e até mudar de figura, mas a dosagem de álcool no sangue é um fato objetivo.

Quando se fala nos efeitos de uma determinada substância costuma-se ter em mente suas repercussões fisiológicas. Algumas drogas afetam o sistema nervoso de maneira a aliviar a dor e a agitação, como a heroína; outras têm um efeito estimulante, como a anfetamina. Uma perspectiva puramente farmacológica diz que a administração de uma determinada substância em seres biológicos de mesma constituição resultará no mesmo resultado ao final. No fundo, não importa se o usuário de drogas nasceu e foi criado na Noruega, em Gana ou na China. Não há uma regra universal determinando como esses processos químicos afetam experiências, comportamentos e emoções, que tanto podem ser semelhantes como podem ser essencialmente diferentes.

Em 1969, Craig MacAndrew e Robert Edgerton publicaram um livro que abalou as estruturas das pesquisas sobre drogas até então.[13] O argumento central dizia que pessoas oriundas de culturas diferentes se comportam de maneiras muito distintas quando estão bêbadas. Eles recorreram a dados antropológicos e descrições etnográficas de uma série de culturas para demonstrar que os efeitos do álcool sobre os indivíduos variam bastante. Em alguns lugares, a embriaguez implicava alterações importantes — entre as quais o aumento da violência e da libido —, enquanto em outros as pessoas só se tornavam mais calmas e amistosas, mesmo sob índices muito elevados de alcoolemia. Nada tão controverso assim, poderíamos supor, mas a pesquisa abalou uma suposição comum tanto a estudiosos quanto a leigos: a de que o álcool tinha o condão de fazer as pessoas perderem o juízo e a inibição e as induzia a ações que, de outra forma, jamais fariam. Os dois antropólogos demonstraram que é possível, inclusive, prever como as pessoas se comportam quando bêbadas, uma vez que seu comportamento corresponde a uma determinada cultura, não às propriedades do álcool em si. As pessoas se comportam da maneira como aprenderam a se comportar, mesmo quando estão bêbadas.

O perigo desse raciocínio é descartar a própria substância como explicação para o comportamento que as pessoas assumem quando estão embriagadas. Afinal, as drogas têm efeitos químicos que afetam as propriedades e habilidades de quem as utiliza, o que, em certa medida, transcende a cultura, sobretudo quando consumidas em grandes quantidades. Um determinado nível de alcoolemia no sangue, por exemplo, afetará o indivíduo independentemente do lugar onde nasceu e foi criado.

Não há razão para acreditar que identidade cultural determine a destreza no volante de uma pessoa realmente bêbada. A cultura pode até oferecer razões convincentes para o motorista dar ou não a partida no carro, mas, quando se trata de suas habilidades para conduzir o veículo, a farmacologia acabará por prevalecer.

É uma armadilha atribuir à cultura todos os efeitos das drogas, assim como olhar cegamente para os processos químicos do cérebro é igualmente enganoso. O que os dois antropólogos mostraram foi que uma única e mesma substância produzia efeitos diferentes no comportamento, e esses efeitos correspondiam à variação cultural. Esse é um ponto importante para nós, porque a variação cultural tem a ver com o significado que se atribui às drogas.

Por quê – e para quem?

Somos influenciados pela cultura, mas a percepção da alteração da consciência é subjetiva. É uma experiência estritamente individual. A droga afeta a consciência de uma maneira única para a pessoa que a consumiu e somente para ela. Ninguém mais pode compreender totalmente como alguém se sente quando o princípio ativo de uma substância começa a fazer efeito, nem como afeta seus pensamentos, sentimentos e percepções. Embora minha experiência possa muito bem ser semelhante à experiência da pessoa que consumiu a mesma substância comigo — conversamos sobre o mesmo assunto, fizemos as mesmas associações, escutamos a mesma música —, minha vivência jamais será capaz de ser "transferida" para o outro. Ninguém jamais poderá invadir a minha mente para ver e captar o mundo exatamente da mesma maneira que eu, não importa se eu esteja ébrio ou sóbrio. Podemos fornecer descrições boas e detalhadas o bastante para descrever insights sobre nossas sensações, mas elas permanecem experiências pessoais subjetivas intransferíveis de uma mudança de consciência.

As premissas e expectativas individuais são, portanto, absolutamente determinantes para as experiências com drogas, seja para saber como uma substância funciona, seja para identificar o significado que tem. As pessoas vêm ao mundo com certos traços de personalidade, vivenciam experiências e desenvolvem o que lhes foi partilhado, e a resultante de tudo isso afeta a forma como reagem a diferentes drogas. Pessoas diagnosticadas com TDAH que façam uso, sob prescrição médica, de Ritalina, medicamento que contém uma substância semelhante às anfetaminas, muito provavelmente sentirão um efeito calmante; em outras, esse mesmo medicamento terá um efeito estimulante. Um amigo, normalmente bem contido ao falar, resolve soltar a língua quando bebe, e fica ainda mais tagarela se também fumar maconha. Outra amiga passa o tempo em silêncio quando fuma. Boa parte das pessoas que se viciam em drogas relatam que o barato é a única coisa capaz de aliviar a ansiedade que sentem. Resumindo: as pessoas são diferentes, e isso também afeta a forma como reagem a substâncias diferentes.

As expectativas também influenciam bastante aquilo que fazemos. O efeito placebo é, provavelmente, o exemplo mais bem documentado disso. É espantoso como um comprimido sem ingredientes ativos apresenta determinados efeitos — desde que a pessoa que o ingeriu tenha antecipado esses mesmos efeitos. Um mecanismo semelhante também foi demonstrado em experimentos em que as pessoas pensam que estão ingerindo álcool. Mesmo que a bebida seja absolutamente isenta de álcool, a maioria ainda se sente embriagada e se comporta condizentemente. Um fenômeno parecido é ignorar o efeito de certas drogas quando são experimentadas pela primeira vez, já que não se sabe exatamente o que esperar. É algo bastante comum no caso da maconha. Só depois que os efeitos são conhecidos é que as expectativas também estarão sugestionadas.

Embora as premissas e expectativas pessoais sejam de grande importância para as experiências com drogas, não estamos falando de um construto puramente pessoal. As razões que levaram alguém a recorrer a uma determinada substância, a maneira como interpretará os sentimentos e experiências decorrentes e os aspectos comportamentais associados a isso são fatores que dependem também do contexto cultural em que se está inserido. Esse contexto cultural abrange tanto o aspecto concreto da experiência como as macroestruturas sociais e culturais. Isso também significa que a opinião que o indivíduo tem da experiência não necessariamente coincide com a opinião atribuída a ela pelas pessoas do seu entorno.

Quando a primavera chega trazendo sol e calor, os parques da cidade se enchem de pessoas felizes. Especialmente ao cair da tarde, depois do trabalho ou dos estudos, amigos e conhecidos se reúnem para comer, beber e aproveitar as últimas horas de sol. Se entre eles está um grupo que partilha uma garrafa de vinho e outro que divide um baseado, é possível que todos tenham experiências e significados coincidentes com esse contexto. Todos estão se divertindo e experimentando uma deliciosa sensação de liberdade. Para um observador externo, a diferença entre ambas as substâncias, álcool e maconha, pode render atribuições de sentido muito diferentes, sobretudo se algum policial estiver rondando por perto.

Em outras palavras, existem várias perspectivas sobre o significado que as drogas têm. O que para alguns é alegria e companheirismo, para outros é uma conduta desviante e criminosa. Embora estejamos falando, sim, de experiências essencialmente subjetivas, deve-se levar em consideração também o ambiente social e cultural, pois tudo isso afeta a própria construção da opinião do indivíduo.

O significado na cultura

Os processos cognitivos que resultam na construção de significados ocorrem, em geral, rápida e inconscientemente. O psicólogo estadunidense Kahneman afirma que os pensamentos se dão em dois níveis, os quais chama simplesmente de sistema 1 e sistema 2.[14] A maioria deles se concentra no primeiro, e de certa maneira deveríamos ser gratos por isso. Por esse sistema entende-se o processo automatizado de interpretação e tomada de decisão que evita que precisemos nos deter para avaliar cada observação ou escolha que fazemos no dia a dia. Por causa dele é que ninguém precisa perder tempo refletindo sobre quanto custa o litro do leite, qual é a capital da Alemanha, por que precisa dirigir do lado direito da via, por que a noiva está chorando de alegria na igreja. O sistema 2 é acionado em situações mais exigentes, quando o sistema 1 não dá conta nem está disponível para lidar com a questão. Quando o preço do leite está expresso em outra moeda, quando é preciso listar o maior número possível de capitais de países, quando se está na Inglaterra e é preciso dirigir pela mão esquerda e quando se tem a sensação de que, por algum motivo, o choro da noiva não está expressando contentamento, é o sistema 2 quem entra em ação.

Embora gostemos de pensar que temos uma visão aberta e crítica do mundo, ou seja, que o sistema 2 representa melhor nosso ponto de vista, Kahneman afirma que interagimos com nosso universo mais próximo recorrendo, principalmente, ao sistema 1. É ele quem dá conta da maior parte das situações que surgem e constituem nosso mundo, nossa percepção de normalidade.

É assim que se pode refletir sobre as estruturas de sentido típicas de uma determinada cultura. Trata-se das percepções, conhecimentos, normas e valores que organizam a vida de uma maneira compreensível e previsível, permitindo que ocupemos nosso espaço no mundo sem que seja preciso continuamente fazer um juízo de valor sobre tudo e sobre todos. Imagine, por exemplo, que uma garrafa de vinho seja "codificada" com um significado para que possamos decidir sem embaraço se deve ou não ser servida à mesa. Embora esteja bem ao seu alcance, não é durante um almoço de trabalho que você abrirá aquela garrafa, apesar de adorar a bebida. O sistema 1 decide a questão ainda que você não se dê conta disso, mas esses códigos são diferentes na França e na Noruega. Não há vinho à venda nos refeitórios de empresas norueguesas, entretanto, uma taça de vinho não chamaria tanta atenção assim no refeitório de uma empresa francesa. O status legal de uma droga também corresponderá ao significado cultural no nível do sistema 1. A heroína "tem" um significado que engloba, entre outras coisas, o crime. Não há nada de natural em nenhum desses exemplos, mas eles são facilmente compreendidos porque estão impregnados de significados culturais.

Por outro lado, as pessoas constroem significados em situações específicas de uso de drogas, e esse significado não precisa estar em consonância com a cultura dominante. As pessoas transitam em torno de normas e regras existentes, e criam seu próprio universo de significados. É assim também que surgem as subculturas, que em certos casos se opõem às normas gerais da sociedade. Mais adiante, veremos que tais subculturas podem ter como elementos característicos formas incomuns e inaceitáveis de alteração da consciência. No entanto, a menos que seus integrantes estejam imersos nelas em tempo integral, até mesmo essas culturas operam dentro de uma ou outra forma de normatização. Num primeiro almoço com o novo chefe, é quase certo não ser adequado beber vinho, mas um copo de água mineral será considerado normal. Se mesmo assim alguém insistir no vinho, estará se desviando um pouco da norma. Essa é uma interpretação possível, um exemplo de como as normas podem ser menos rígidas de acordo com a maneira como a cultura se apropria delas.

Abordamos aqui três aspectos que devem ser observados ao analisar o significado que as drogas podem assumir: a substância e seu efeito, a pessoa que a consome e o ambiente em que esse consumo é realizado.[15] Devemos sempre levar em conta a interação entre esses aspectos, as propriedades psicoativas da droga, as expectativas e premissas do usuário e as condições sociais e culturais na ocasião do consumo.

Capítulo 2

Drogas para viver

Pouco antes das três horas, o alerta de e-mail pisca na tela — sorteio de vinho em dois minutos! As pessoas saem apressadas dos escritórios e se reúnem no refeitório. Estão animadas, a semana foi produtiva e a merecida folga que começa na sexta-feira está logo ali. O burburinho das conversas toma conta do ambiente. Os assuntos são os mais variados. Fala-se da grama do jardim que precisa ser aparada, da viagem para as montanhas ou do passeio de barco, de shows, restaurantes, partidas de futebol, do aniversário das crianças e dos demais planos para os dias seguintes. O ganhador do sorteio da semana anterior pega o microfone e anuncia as garrafas que serão sorteadas hoje, dois vinhos de ótima procedência, um branco e um tinto. Um número é chamado e a recém-contratada, uma jovem de 23 anos, comemora. Seu rosto fica levemente ruborizado, os colegas riem e gritam e ela escolhe o tinto. O colega que conhece vinhos meneia a cabeça concordando, uma bela escolha. A ganhadora é instruída a sortear o próximo e tira o número 82 da sacolinha. Um novo alarido toma conta do ambiente e o empregado de 65 anos, que está prestes a se aposentar, levanta a mão e abre um sorriso largo. *Acho que ganhei meu último sorteio, foi obra do destino*, ele diz. O gerente se deixa influenciar pelo clima de animação e sugere uma cervejinha no bar de costume, afinal de contas já são quase cinco horas... Alguns pedem desculpas por não poderem comparecer, os demais avisam que vão apenas apanhar as coisas nas respectivas salas e estarão prontos.

 O bar está quase lotado. Muita gente teve a mesma ideia, pelo visto. Alguns parecem ter começado cedo e já estão com os olhos injetados, falando alto demais. Eles se amontoam na única mesa disponível. O sortudo veterano avisa que vai pagar a rodada. Ele decide tomar uma Guinness e ela o acompanha. *Legal*, ele comenta, *uma jovem que gosta de cerveja escura.* Além da Guinness, várias outras cervejas e taças de vinho são servidas sobre a mesa, e o gerente, animado por ter tido a ideia daquele encontro, surge com duas garrafas de espumante e taças para todos: *Que bom que estamos todos aqui, vamos fazer um brinde!* A conversa está animada, eles falam de trabalho e também de vários outros assuntos — família, férias, lazer, como deve ser numa mesa de bar no final do expediente de uma sexta. O tempo voa e as pessoas começam a se lembrar das outras obrigações que têm. Um pai de gêmeos precisará se ausentar em breve, uma mãe toma a saideira enquanto a mulher de quarenta anos recém-separada está sem os filhos em casa hoje e tem outros planos. Por mais que todos tenham algum compromisso, ninguém parece estar com pressa.

 Em casa, a mulher e os gêmeos já estão terminando de comer a pizza. O pai está tão carinhoso hoje, talvez seja o efeito da taça de espumante a mais que tomou antes de sair do bar, um pouco mais cedo do que gostaria, é verdade. *Desculpa pelo atraso, pessoal!*, ele diz. *Não tem problema, desde que você recolha a louça depois*, diz a mãe com uma piscadela de olho. Eles assistem um pouco de TV e tomam sorvete no sofá da sala. Os meninos adormecem e ele os carrega para a cama. Sente-se exausto, estava quase cochilando quando a mulher o despertou trazendo uma tábua de queijos e a garrafa que compraram nas férias na Toscana. Eles se sentam junto à janela da cozinha, que tem uma bela vista para a cidade, e servem o vinho nas taças. O som gorgolejante toma conta do ambiente. *Nada mal*, ele diz. Ela concorda sorrindo de volta.

A mãe de dois mal conseguiu pôr o filho de dez anos na cama quando chegou em casa. Um tanto mais afogueada do que gostaria, sobretudo diante das crianças, mas o marido diz que tudo bem, não tem problema. *Se estiver a fim enrolei unzinho para você, está na gaveta*, avisa ele antes de sair para encontrar os amigos numa boate. Ela lhe dá um beijo de despedida no corredor, diz para se divertir e avisa que cuidará das crianças quando levantarem pela manhã. Espia no quarto deles novamente e vai até a varanda, um pouco receosa de que os vizinhos sintam o cheiro do cigarro artesanal, mas é outono e todas as janelas estão fechadas. Afunda no sofá, põe uma música tranquila para tocar, folheia uma revista e sente o corpo relaxar e os pensamentos fluírem soltos. De repente, sente vontade de falar com alguém e liga para a irmã, que também está sozinha em casa com os filhos. As duas põem a conversa em dia, riem e planejam uma viagem juntas antes do Natal.

No bar, vários colegas de trabalho ainda estão na mesma mesa. A noite promete. O clima continua animado. A recém-separada conversa sem parar com a jovem sorteada com a primeira garrafa de vinho. *É ótimo ter pessoas novas no escritório, a dinâmica toda muda,* ela elogia. A jovem agradece e diz que fica feliz de ouvir isso. As horas de bebida a deixaram mais solta, e ela avisa à colega veterana que se estiver mesmo a fim, como mencionou antes, seria ótimo que fizesse companhia a mais dois amigos na boate. Ela responde envaidecida perguntando se não estaria velha demais para um programa assim. *Não, de jeito nenhum, acho que vai ser ótimo*, a outra responde. As duas então se despendem da turma e vão.

Uma hora depois estão dançando, e a mais nova pergunta se não seria legal tomar um pouco de MDMA. A mais velha responde *SIM, queria tanto algo assim*, e as duas vão às gargalhadas para o banheiro, a mais velha comentando que há mais de dez anos não fazia aquilo, e pouco tempo depois as duas voltam para a pista, sorrindo e agitando as mãos no ar. A mais velha encontra alguns amigos, certamente não se viam há dez anos, e não se sente mais deslocada no ambiente. Eles relembram os bons tempos, dançam e se esquecem da hora e do lugar. Ela já foi apaixonada por um deles, que também se separou recentemente, ela está a fim de transar e ele também.

    O homem prestes a se aposentar está completamente embriagado, falando pelas tabelas, contando casos de seus trinta anos na empresa. Os colegas riem às gargalhadas de antigos chefes que nem conhecem. O gerente está eufórico — pois é esse entrosamento que uma equipe deve ter, afinal —, não quer que a noite termine agora e sugere que sigam em frente. Um colega comenta de um karaokê ali próximo com salas privativas. Eles saem do bar cambaleando, um deles avista um carrinho de supermercado perdido na calçada e pergunta se alguém quer uma carona. O mais velho aceita o convite, pula no carrinho e é empurrado pela rua. O gerente faz uma foto e ameaça enviá-la para o diretor, e o homem responde que tanto faz, já está para se aposentar mesmo. Todos caem na risada. Não demora e os alto-falantes do karaokê trovejam a melodia de "I wanna know what love is".

    É assim que uma sexta-feira normal pode ser. Um jovem casal que encontra o sossego numa garrafa de vinho depois que as crianças finalmente vão dormir, a mãe que relaxa fumando um baseado, amigos novos e antigos que tomam MDMA e passam a noite dançando na boate, colegas que não querem que a festa tenha hora para terminar. A droga é uma das dádivas da vida. Ajuda a quebrar a rotina, a superar limites, a substituir a monotonia pelo extraordinário. Facilita dizer coisas presas na garganta, lidar com emoções, vivenciar experiências. Contribui para uma sensação de liberdade, pertença e coragem, sentimentos que, de outra forma, ficam obscurecidos pela rotina. A droga é uma transgressão, tanto da consciência sóbria quanto da normalidade cotidiana.

Esse, pode-se dizer, é o propósito geral das drogas, aquilo que pretendemos com elas, aspectos que dão sentido à maioria das experiências com substâncias que alteram nossa consciência. No entanto, as situações em que as pessoas recorrem às drogas varia muito, e não é preciso haver nenhuma relação lógica entre a motivação do usuário e a maneira como os outros a percebem. As drogas que as pessoas consomem variam do álcool ao haxixe, passando pelo MDMA e uma série de outras; o usuário pode ser tanto um jovem inseguro como um adulto experimentado, e o local em que são consumidas vai da grande metrópole aos confins mais inóspitos e desabitados. As ocasiões variam extremamente e, por motivos diversos, têm significados diferentes para cada um. Aquilo que faz sentido para um indivíduo pode causar repulsa a outro. No fim das contas, porém, não é tudo a mesma coisa? Apesar da grande variação, na grande maioria dos casos não se trata afinal do mesmo desejo de transcender o comum, de experimentar todo potencial da existência e da vida? Ou, nos versos do compositor norueguês Stein Torleif Bjella, de querer inspirar um pouquinho do hálito do cosmos?[16]

Dito de outro modo, tento aqui extrair algo comum a situações singulares. O que varia são preferências, valores estéticos e hábitos mais ou menos conscientes, muitos dos quais também são absolutamente aleatórios. É grande a probabilidade de alguém que mora na costa oeste da Noruega beber cidra de maçã caseira e frequentar o Morellfestivalen em Lofthus, enquanto um morador de Grünerløkka, bairro moderninho de Oslo, deve ser assíduo frequentador de microcervejarias e do Øyafestivalen — mas a motivação em ambos os casos calha de ser a mesma. O que se quer é transgredir, dar uma pausa no cotidiano e experimentar algo diferente, introduzindo no contexto emoções que se esperava sentir.

É isso que procuro sustentar neste capítulo. O título, um tanto pomposo, é "Drogas para viver", embora não estejamos tratando de um insumo essencial para a sobrevivência, como é o caso da comida e da bebida, mas de algo extremamente valorizado na vida, por mais supérfluo que seja. Pense nas expressões "viver a vida", "sentir-se vivo". Elas não se referem a estar preso num engarrafamento na hora do rush a caminho do trabalho nem ao encontro de pais na escola. Referem-se, sim, a eventos que extrapolam a rotina. É possível que quem não precisa de uma transgressão para sobreviver recorra às drogas para viver a vida que tanto deseja. E transgressões podem, é claro, ser alcançadas de muitas maneiras — fazendo uma trilha pelo bosque, patinando no gelo, escalando uma montanha, assistindo a um bom show ou peça de teatro, indo à igreja ou a uma partida de futebol. Para isso, é verdade, não é necessário consumir nenhuma substância que chamamos de droga. São apenas maneiras importantes na nossa cultura de escapar do cotidiano.

Uma característica das drogas é alterar a consciência, em maior ou menor grau. Isso significa que, na maioria das vezes, consumi-las não é adequado. Elas devem ser reservadas para ocasiões em que queremos "dar um tempo ao tempo". As drogas não são o arroz com feijão de um almoço no meio da semana, nem a reunião de trabalho, mas a sexta-feira longe das crianças ou confraternizando com os colegas depois do expediente. Ou seja, ocasiões em que estamos livres das amarras e obrigações da vida ordinária. O antropólogo norte-americano Joseph Gusfield[17] afirma que a ingestão de álcool é um forte marcador simbólico da transição do trabalho para o lazer nos Estados Unidos, e isso provavelmente não está muito longe de ser verdade em outras regiões do mundo. Abrir uma garrafa, abrir-se para os efeitos do álcool, marcar a transição para um tempo atemporal, para formas diferentes de transgressão. E, para a droga ser uma transgressão, é preciso que seja uma exceção à regra. Caso se torne um ingrediente comum na vida cotidiana, uma parcela dessa transgressão deixa de ser transgressora e assume um significado diferente, ao qual retornaremos mais tarde.

Estou partindo do princípio que se drogar para viver é uma descrição apropriada para muito daquilo que os usuários buscam ao consumir drogas. Obviamente, é uma descrição da qual se pode discordar. Não estamos no reino das verdades objetivas, estamos falando de interpretações e esta é uma perspectiva. Espero, porém, demonstrar que essa pode ser uma abordagem fértil sobre a questão.

De Sunny Beach a Bordéus

A cada ano, o simples embarque de milhares de jovens em aviões com destino a Espanha, Grécia, Turquia já é uma forma de transgressão. As férias já o são. O lar e a vida cotidiana ficam em suspenso por uma ou duas semanas e um novo mundo os aguarda. É uma pausa, um intervalo, quando as obrigações pertinentes ao dia a dia deixam de ser cumpridas, o que abre espaço, entre outras coisas, para alguma forma de alteração da consciência. Tradicionalmente, quem fica em casa acaba lendo nos jornais norueguenses as matérias de sempre sobre jovens vagando pelas ruas do Sul da Europa, completamente saturados de álcool e drogas. Do ponto de vista dos pais, as preocupações são compreensíveis, pois existe um risco real quando o álcool está disponível em toda parte custando um pouco mais que uma garrafa de água mineral.

Fiz uma excursão pelas ilhas gregas quando tinha dezessete anos. Éramos cinco amigos percorrendo ilha após ilha sem um destino certo, vivendo cada dia como se fosse único. Experimentei uma sensação de liberdade que nunca havia sentido antes. Na escala, em Copenhague, compramos uma garrafa de conhaque. Nunca havia provado a bebida antes, tomei os primeiros goles escondido atrás de uma escada no aeroporto. Não fiquei totalmente embriagado, mas o líquido amarronzado que ardia no peito marcou o início da aventura pela qual tanto ansiávamos. Só quando esperávamos o barco que zarpava de Atenas é que bebi um destilado pela primeira vez, de verdade. Compramos uma bebida barata qualquer num café e sentamos na calçada alternando os goles com Tyrkisk Pepper, um drops de alcaçuz. O gosto ardido e salgado do drops se demorava na boca enquanto íamos ingerindo um líquido que continha 40% de álcool. Fiquei tão bêbado que vomitei na calçada. Claro que fomos expulsos dali, e depois não conseguia me lembrar de nada além do cheiro adocicado do vômito, das imagens distorcidas do asfalto e dos braços amigos me carregando. Ainda bem que pude contar com eles.

A situação não está longe do que o pesquisador dinamarquês Sebastian Tutenges observou em Sunny Beach, na Bulgária. Tutenges estava realizando um trabalho de campo com jovens dinamarqueses em férias. Ele próprio não se divertiu tanto, mas observou muita badalação, dia e noite durante semanas a fio, três meses no total. Observou muitas pessoas cambaleando e sendo carregadas por amigos, não muito diferente da própria experiência que vivi, e ouviu histórias capazes de tirar o sono de qualquer pai, mas também relacionou várias outras razões que despertam nos jovens o desejo de viajar.

Algumas agências de viagem oferecem um plano de atividades, ou melhor, um plano de festas. Um olhar mais atento sobre um deles dá uma ideia do que são:

> *Domingo: Chegada e recepção de boas-vindas*
> *Segunda-feira: Open bar de socialização durante o dia.*
Arrastão pelos bares à noite
> *Terça-feira: Cruzeiro da vodca*
> *Quarta-feira: Churrasco*
> *Quinta-feira: Festa na praia*
> *Sexta-feira: Festa da espuma*
> *Sábado: Retorno para casa*[18]

O programa é coordenado por guias especializados em animação e a regra geral é: não há regras. "O que acontece em Sunny Beach fica em Sunny Beach", afirmou um desses guias.[19] É um território livre, ninguém precisa ir ao trabalho ou à escola, pais e outros vigias da liberdade estão longe, as regras de sempre deixam de valer. Tudo é permitido e as pessoas são estimuladas a fazer pleno uso dessa liberdade. Beba o que quiser, o quanto quiser, dance descontroladamente, abrace, tire a roupa, grite, urre, cante, deixe-se envolver pela espuma e pela música. Tutenges recorre a um conceito de Émile Durkheim, um dos pilares da sociologia, para descrever o que acontece nessas situações: uma alegria coletiva pela vida, um estado de emoções intensas e uma forte sensação de união. Um dos participantes comparou o arrastão pelos bares com a sensação de estar na arquibancada de um estádio de futebol, quando todos levantam as mãos e pulam de alegria. É o sentimento de pertença, de sentir a mesma alegria junto com outras pessoas, que torna essa experiência marcante.[20] A alegria da vida coletiva raramente é alcançada numa aula de ginástica, mesmo que os participantes estejam num grupo, fazendo os mesmos movimentos em sincronia, talvez até embalados por uma música. Estroboscópios, corpos seminus e a presença num lugar completamente diferente, longe do controle social sob o qual costumam estar, são fatores que exercem um outro efeito sobre esses jovens.

 E o álcool, é claro, também ajuda. Jovens bebem muito. Cerca de 50% dos jovens escandinavos bebem mais de doze doses por dia ao longo da semana. Isso está longe de ser saudável, as pessoas se prejudicam e fazem muitas coisas das quais vêm a se arrepender depois. Ao mesmo tempo, embriagar-se também facilita a experiência da alegria coletiva pela vida. O corpo fica mais relaxado e a dança mais solta, o pensamento flui sem amarras e as conversas ficam mais descontraídas, as pessoas sorriem e vão perdendo as inibições num processo que é contagiante. Nunca tinha experimentado a sensação de dançar sem camisa sobre uma mesa, para mais tarde tomar banho de mar nu na praia como naquele verão de 1995, na ilha de Rodes. Essa é a lembrança que mais me marcou, não a embriaguez em si, embora ela tenha sido determinante para isso.

Quando esses jovens estiverem com o dobro ou o triplo da idade que têm, é improvável que façam uma viagem semelhante. As festas de espuma talvez sejam substituídas por uma viagem temática a Bordéus, onde visitas diárias às vinícolas estarão no programa. A resistência física pode ter diminuído com o passar dos anos, então os eventos agora se estendem por quatro ou cinco dias somente, não por uma semana inteira. Vários operadores turísticos organizam essas viagens temáticas. Para serem mais tentadoras, as descrições costumam ser bastantes prolixas, e aqui está uma versão abreviada:

Dia 1: Chegada em Bordéus à tarde. Boas-vindas do sommelier com degustação de vinhos e jantar em restaurante no centro histórico.

Dia 2: Excursão e degustação no Château Giscours após o desjejum, almoço no Château de Kirwan com degustação de vinhos, seguida por visita guiada aos deliciosos vinhos do Château Lynch Bages. O dia termina com um jantar num restaurante em Bordéus.

Dia 3: Excursão aos vinhedos de Saint-Émilion. Visita guiada e almoço no Château Champion, acompanhada pelos Grand Cru Saint-Émilion e AOC Côtes de Castillion. Na sequência, iremos ao Château Franc Mayne para uma visita com degustação, depois ao Château Boutinet, com uma degustação dos vinhos biodinâmicos Bordeaux Supérieur e Bordeaux Clairet. O dia termina com um jantar na cidade velha de Bordéus.

Dia 4: Retorno para casa após o desjejum e uma caminhada pela cidade.

A julgar pela descrição, o volume alcoólico ficará a critério dos visitantes. Alguns provavelmente consumirão o mesmo volume que os jovens em Sunny Beach. Claro que parte desse vinho pode apenas ser degustado para ser imediatamente cuspido, mas, pelo que conheço, a maioria das pessoas prefere não descartar nada e engolir todo o conteúdo, de modo que a embriaguez será certa — qualquer coisa diferente disso seria impensável após três degustações em apenas um período do dia.

Um tour entre vinhedos também é uma transgressão. Um casal ou alguns amigos fazem os planos, economizam dinheiro, talvez até arrumem uma babá com quem deixar os filhos, marcam a viagem e, assim que embarcam no avião, dizem adeus à rotina. É possível que até tomem uma taça de vinho no percurso, ponham a tão esperada leitura em dia ou conversem animadamente sobre a bebida e a comida que os esperam nos próximos dias. Já no primeiro passeio, logo após o café da manhã, experimentam um vinho diretamente do produtor, e nesse ritmo continuam, de manhã até a noite, transformando o cotidiano numa miragem distante.

Nem a embriaguez nem as atividades são, naturalmente, tão intensas como as dos jovens de Sunny Beach. Eles não dançam loucamente sem camisa e ao som de música ensurdecedora, não uivam, gritam ou bebem no umbigo uns dos outros. O vinho, obviamente, é servido em taças apropriadas para realçar aromas e sabores, as conversas são elaboradas e versam sobre temas específicos, e os efeitos do álcool não se expressam de maneira tão ostensiva. Há uma celebração da vida em viagens enológicas desse tipo, talvez até igualmente contagiante, embora mais moderada e menos caracterizada por um furor juvenil, mas a bebida alcoólica é ingrediente fundamental. Um arrastão entre bares é decepcionante se não houver nada para beber, assim como um passeio por vinícolas não seria completo sem degustar o produto dos vinhedos. E não se deve ignorar que quem hoje faz roteiros enológicos provavelmente excursionou por lugares como Sunny Beach há algumas décadas. A embriaguez e a transgressão são as mesmas, ainda que manifestas de maneiras ligeiramente diferentes.

    Esses dois fenômenos — jovens festejando loucamente e adultos numa viagem enológica — ilustram o grande escopo de situações envolvendo a bebida. Os roteiros têm a mesma significação para os viajantes, embora poucos quisessem trocar um pelo outro. Por um lado, trata-se de preferências pessoais — os jovens talvez se entediassem numa vinícola, enquanto os adultos certamente se sentiriam deslocados numa festa de espuma. Estamos falando de normas culturais que causariam algum grau de estranhamento caso fossem confundidas. O simples ato de se embriagar não se constitui no objetivo da viagem. Ele também está nas preferências individuais e nas normas culturais, que são indissociáveis. As pessoas procuram maneiras determinadas de alterar sua consciência de acordo com o contexto social em que isso vá ocorrer. Em outras palavras, distinguimos quando, onde, com quem e com o que vamos nos inebriar. Vamos examinar isso mais detalhadamente considerando a droga enquanto ritual.

Rituais inebriantes

O uso de drogas está íntima e historicamente associado a várias formas rituais. Desde celebrações hindus com cânabis a cerimônias xamanísticas em que o contato com o mundo espiritual é obtido com o intermédio de plantas psicodélicas, passando por pessoas saudando a chegada da primavera vestidas em túnicas esvoaçantes e bebendo hidromel. Seja de que maneira for, esses rituais não são apenas um fenômeno histórico.

Então o que define algo como um ritual? No ambiente acadêmico, por exemplo, a resposta depende de quem for perguntado. Uns veem rituais em todos os lugares, outros exigem o cumprimento de uma série de pré-requisitos para empregar esse termo, mas há certos traços recorrentes. Em primeiro lugar, os rituais são caracterizados por procedimentos específicos. Para participar de uma degustação de vinhos em que o exemplar a ser degustado é um Bordeaux safra 1953, você deve encher a taça até a borda e engolir tudo num só gole para depois completar a taça novamente. O procedimento exige que antes você sinta o aroma uma, depois outra vez, discorra sobre ele, sinta novamente e, só depois de rodopiar a taça algumas vezes, sorva um pouco da bebida. Outra qualidade intrínseca dos rituais é a relação de autenticidade e proximidade. Isso significa que os participantes devem estar presentes, acompanhando o fluxo do ritual com a necessária empatia. Do contrário, poderão arruiná-lo inclusive para os demais. A degustação de um Bourdeaux de 1953 pode degenerar num fracasso completo caso um dos participantes não vivencie adequadamente a situação — e arrisque não ser convidado na próxima vez.

O mais importante em relação aos rituais nesse particular, no entanto, é sua dimensão simbólica. Para adquirir esse simbolismo, é necessário que um determinado objeto, ação ou imagem esteja ali representando *outra coisa*. É preciso haver um *propósito* que transcenda aqueles objetos, ações e imagens. E é essa justamente a grande questão em vários rituais envolvendo drogas.

Um dos fatores mais importantes dos rituais com drogas é certamente a maneira como simbolizam o sentimento de união. A cervejada no final do mês é um exemplo — nós, que trabalhamos juntos, acabamos de receber o salário e viemos tomar uma cervejinha para comemorar, e assim damos aos nossos relacionamentos uma dimensão maior do que uma simples camaradagem profissional, abrimos espaço para uma comunhão em que outros laços estão conectados. Para isso, existem substâncias cujos efeitos potencializam essas experiências e as transformam em algo diferente de um cafezinho do refeitório. No entanto, nem sempre é tão simples como pode parecer. É natural que nem todos sejam convidados para a mesa do bar no final do mês. Essa é também uma característica própria dos rituais, demarcar quem pode ou não ter acesso a eles.

Num estudo clássico com estivadores da Terra Nova (Canadá) na década de 1960, o antropólogo Gerald Mars exemplifica como a cerveja bebida no bar depois do expediente não é apenas uma recompensa merecida pelo trabalho árduo, mas uma faceta de um importante jogo simbólico.[21] O trabalho no porto é imprevisível, não há turnos regulando quanto cada estivador deverá trabalhar, tudo depende de quando o próximo navio atracar. Depois disso, os trabalhadores disponíveis são escolhidos e cabe ao gerente determinar o contingente necessário. Suas chances aumentam consideravelmente se você não estiver sozinho e pertencer a uma turma, que então é selecionada em conjunto. E a oportunidade de ingressar numa turma surge no bar onde se bebe fora do horário de trabalho.

Ocorre que não basta apenas entrar no bar, pedir uma cerveja e sentar-se no lugar que bem entender. Tudo ali é ritualizado. Se você estiver sozinho, é necessário um convite para vir sentar com o grupo. Mesmo que surja essa oportunidade, você não é imediatamente aceito como membro efetivo do grupo. No dia seguinte, pode não haver lugar para você naquela mesma mesa. Sua efetivação pode demorar muito, você precisa antes demonstrar que possui as qualidades técnicas para realizar o trabalho no porto, além da habilidade para navegar pelos códigos sociais no bar. Entre os principais códigos sociais está a economia da cerveja. Não é nada simétrico, como um ponteiro que girasse em volta na mesa. As pessoas pagam uma cerveja para si mesmas e para uma, duas ou talvez três outras, mas membros de status superior esperam beber mais cerveja desembolsando menos dinheiro, por isso é importante levar algum dinheiro extra na carteira. Não se trata de um conjunto de regras que pode ser memorizado, mas de códigos que devem ser aprendidos na prática, como é frequentemente o caso dos rituais. Eles seguem um roteiro tácito, que é muito claro e compreendido pelos iniciados. O exemplo mostra, entre outras coisas, que beber cerveja na companhia dos colegas requer primeiro a decodificação da situação social. Fatores como união e divertimento ficam em segundo plano. A mesa do bar não é o local mais adequado para um novato no porto matar o tempo. Ele precisará primeiro dominar esse código para só então ser aceito como membro efetivo da comunidade e se aprofundar no ritual da cerveja.

Vermelho e azul anunciando a primavera

Um dos sinais incontestáveis da chegada da primavera na Noruega são os *russer*, adolescentes de uniformes azuis e vermelhos que invadem as ruas em fins de abril e começo de maio.* Poucos fenômenos demonstram melhor as características de um ritual como a celebração da conclusão do Ensino Médio na Noruega, e dificilmente se pode encontrar um exemplo mais expressivo de transgressão em que as drogas, sobretudo o álcool, desempenham um papel central.

Celebrar o fim desse período marcante na vida acadêmica é um fenômeno que vem se repetindo há centenas de anos, mas os festejos como hoje os conhecemos tiveram início na virada do século XIX. Pela primeira vez, os veteranos das

---

* N.T.: As cores remetem à bandeira da Noruega e delimitam as áreas de estudo que cada aluno seguirá no curso superior: vermelho para disciplinas humanas e azuis para áreas técnicas. O auge das comemorações é o Dia da Constituição, 17 de maio, data nacional do país. Apesar de assemelhadas em escrita e pronúncia, *russ* (singular de *russer*) não está etimologicamente relacionada à palavra *rus* ("droga" ou "embriaguez"). Acredita-se que seja uma abreviação do latim *depositurus* ("deitado") e tenha origem num trote em desuso que consistia em vestir os calouros das universidades como animais. Seja como for, o rito de passagem dos *russer* está indissociavelmente ligado à ingestão de álcool.

escolas de Cristiânia [antigo nome de Oslo] envergaram as típicas boinas vermelhas e saíram pelas ruas cantando e brandindo bengalas de bambu pela Karl Johan, a rua principal da capital norueguesa. Pode parecer uma comemoração inocente se comparada às festas de hoje em dia, e de fato era. É verdade que, cem anos atrás, os concludentes deixaram para trás algumas inibições comuns à época. É sabido que ingeriam álcool e ficavam mais expansivos, permitindo-se fazer coisas que, do contrário, não fariam. Mesmo assim, não recebiam prêmios por transar com o(a) presidente do grêmio, correr inteiramente nus pela rua principal da cidade nem entornar uma caixa de cerveja em doze horas, feitos corriqueiros para os *russer* contemporâneos. Admito que as transgressões atuais sejam mais extremas do que eram há um século, inclusive se relativizarmos as normas sociais de duas épocas distintas.

    Assim como ocorre nas viagens ao Sul da Europa, não há muitas coisas positivas a dizer sobre a estripulias dos *russer*. Tão certo como no caso dos turistas nas praias gregas, a cada ano os jornais reportarão casos chocantes de jovens que bebem até perder os sentidos, usam drogas, perturbam a ordem pública e perdem as estribeiras entoando a plenos pulmões canções terríveis, algumas de cunho francamente sexista. Esse é o senso comum vigente sobre as festividades dos *russer*, e boa parte dessa crítica é importante e tem lá sua razão de ser, mas igualmente interessante e importante é compreender o que motiva esses estudantes. Qual sentido aquilo tem para eles?

    "Nunca me diverti tanto como quando éramos setenta pessoas dentro de um ônibus, todos festejando. Você volta num tempo um, dois anos, e vê tudo aquilo que planejou acontecer de verdade! Eu lembro do sentimento de companheirismo. Você se sente conectado aos outros, e é uma experiência maravilhosa. Foi uma das melhores sensações da minha vida, sem dúvida."[22] Esse relato é de "Kristian", um estudante a quem o sociólogo Eiving Grip Fjær entrevistou para seu estudo sobre as comemorações dos *russer*. A turma de "Kristian" adquiriu e adaptou um ônibus inteiro para a ocasião, e era lá onde essas festas itinerantes insanas aconteciam. Participar delas não significa apenas torrar um bom dinheiro em festas que duram algumas semanas. É um projeto de longo prazo que geralmente começa no início do Ensino Médio. São anos de planejamento, arregimentando pessoas, desenvolvendo um conceito, fazendo um orçamento, economizando dinheiro, adquirindo um ônibus, equipando-o com som e iluminação, gastando horas intermináveis decorando-o de acordo com o conceito, planejando os roteiros, contratando um motorista para finalmente, quando chegar a hora, embarcar no ônibus e festejar.

Tudo isso para, na melhor das hipóteses, três semanas de folia. Tudo regado a muita bebida, é claro, quase todos os dias. Não é a primeira vez que esses jovens celebram algo na vida, mas o que dá à festa essa característica extraordinária são os fortes símbolos rituais. Estar no interior de um ônibus cria um espaço de autonomia, nenhum porteiro ou garçom virá se intrometer na diversão, e a qualquer reclamação de vizinhos o ônibus seguirá para estacionar em outro local, sem que a festa seja interrompida. Os uniformes põem o coletivo à frente do indivíduo, ninguém se preocupa com o que você está vestindo, criando-se assim um inédito sentimento de unidade. E o contexto maior: dançando sob uma música tão ensurdecedora que a única forma de comunicação é o corpo, todos estão na mesma condição *limiar*. A festa dos *russer* é um ritual de passagem que deixa para trás treze anos de escolaridade e abre as portas para um futuro que ninguém sabe ao certo o que trará. O aspecto limiar de um ritual de transição é justamente este interregno: um estado ou existência atual fica para trás sem que se tenha ainda ingressado numa nova etapa. É uma dissolução de estruturas, uma metamorfose, algo que também caracteriza um estado de alteração de consciência. Talvez o aspecto da efemeridade também tenha sua importância. Tudo está acontecendo aqui e agora, e em breve aquele grupo será dissolvido, como numa apoteose. Grip Fjær também relata lágrimas e tristeza passadas as três semanas de festa, quando o ônibus está sendo preparado para ser vendido para os veteranos do ano seguinte.

    Grip Fjær afirma que o sentimento de união e pertença é o cerne do entusiasmo que eles expressam. E quanto à bebida e às drogas? Qual o papel que desempenham? Até que ponto são necessárias? Não há uma resposta exata para isso, mas é possível inverter a pergunta: até que ponto a experiência de "Kristian" seria tão intensa sem a presença do álcool? Eles não teriam dançado juntos por três semanas sem a ajuda da bebida, ficariam constrangidos, não sentiriam a imensa sensação de liberdade, as preocupações teriam assumido o controle e a sensação de comunidade desapareceria não fosse pela liberação extra de dopamina causada pela embriaguez. É ela quem reforça e assegura este algo mais, exatamente o que as pessoas vivenciam e procuram ao festejar. De acordo com Grip Fjær, várias das características marcantes da celebração dos *russer* são, na verdade, bastante convencionais na nossa cultura etílica. Embriagar-se além do limite (numa noite de sexta-feira qualquer), fazer sexo sem compromisso (idem), vestir um uniforme específico (numa final de futebol) ou dirigir de boate em boate (moradores das periferias das grandes cidades) não são comportamentos únicos dos concludentes do Ensino Médio. São, sim, fenômenos próprios da cultura dominante. Esse é um ponto interessante. O que há de especial na celebração dos estudantes noruegueses é excesso que se estende por semanas a fio. É um exagero de transgressão, mas com ingredientes bastante comuns.

    Essas ponderações servem para os críticos mais ruidosos dos *russer* pensarem duas vezes. Ao mesmo tempo, sou pai de duas crianças de onze e catorze anos que em breve terminarão o Ensino Médio, e estou de certa forma ansioso pelo que virá em seguida. Não há razão para deixar de conversar com meus filhos sobre o risco inerente a essas festas. Mais recentemente, houve um grande debate na imprensa norueguesa sobre o volume gigantesco de álcool que os *russer* vêm ingerindo a cada ano, e talvez isso sirva para aplacar um pouco os ânimos das novas gerações. Dito isso, não há motivos para crer que essas festas serão um dia caracterizadas pela sobriedade e temperança. Afinal, os excessos oferecem algo significativo em troca.

Do céu ao inferno

Num dia quente de verão, muitas pessoas postam fotos no Facebook e Instagram erguendo taças com vinho branco ou cerveja geladinhos, de pés descalços na areia com o pôr do sol ao fundo. Não se vê maconha no cenário. Não porque ninguém esteja ali admirando o pôr do sol com um baseado na mão, mas porque o significado associado à erva é bem diferente daquele do álcool. Não é conveniente deixar claro a mais de mil conhecidos, incluindo sogro, tias e antigos professores, que a cânabis é sua droga favorita. Há muita coisa em jogo por tão pouco. Não tem a ver com a droga em si, nem com os efeitos químicos que produz no cérebro, mas com normas culturais, com o sentido que o consumo daquela substância sinaliza.

Em 1969, o filme *Himmel og helvete* [*Paraíso e inferno*] foi uma das maiores bilheterias nos cinemas noruegueses. Os atores Lillebjørn Nilsen e Sigrid Huun eram os protagonistas e, como indica a crueza do título, têm suas vidas arruinadas. O enredo tampouco deixa dúvidas sobre os motivos: eles fumaram haxixe. O filme acompanha a primeira experiência do casal de classe média norueguesa com a droga até Huun terminar seus dias prostituída em Copenhague, na Dinamarca, enquanto Lillebjørn, num surto psicótico de LSD, morre se atirando do telhado de uma casa. É uma película histérica em muitos aspectos e extremamente caricatural, pelo menos na perspectiva de hoje. As personagens enlouquecem após as primeiras tragadas, ficam viciadas em pouco tempo, roubam, pagam dívidas de haxixe com sexo, trapaceiam na escola, em suma: a narrativa é a mesma da guerra contra as drogas capitaneada pelos Estados Unidos, isto é, a confirmação de que o destino para quem experimentar qualquer droga é mergulhar numa vida miserável. O filme se tornou bastante popular, mas também se transformou num *cult*, ridicularizado por sua linguagem, pelas cenas risíveis de pessoas dançando e também pela maneira irreal com que representou o haxixe. Entre os que compartilhavam dessa opinião sobre o filme provavelmente havia muitos que em algum momento tiveram contato com a droga. Eles sabiam que a realidade não era bem assim.

O haxixe chegou à Noruega na década de 1960, trazido pela cultura hippie. Há nele um elemento de resistência às autoridades e ao establishment. Essa resistência certamente não arrefeceu quando as autoridades intensificaram a guerra contra as drogas e transformaram todas elas, inclusive a cânabis, no inimigo público número um. A polícia passou a repreender usuários e ameaçar políticos que lutavam por uma abordagem mais branda contra os narcóticos. O clima era de guerra deflagrada, inclusive na cultura pop, como *Himmel og helvete* deixou muito claro.

Sveinung Sandberg e Willy Pedersen, respectivamente professores de criminologia e sociologia, estudaram a cultura da cânabis por muitos anos. Eles entrevistaram um grande contingente de usuários de maconha e uma das descobertas que fizeram está resumida no título de um artigo: "Consumo da cânabis: uma subcultura estável num mundo em mudança".[23] Embora o mundo tenha mudado muito desde o apogeu dos hippies e a introdução da maconha na sociedade norueguesa, algumas das características permaneceram as mesmas.

Na forma de maconha ou, preferencialmente, haxixe, a cânabis é a droga ilegal mais consumida na Noruega. Cerca de um quarto da população adulta já a experimentou, mais da metade destes apenas uma ou poucas vezes.[24] Quando o tema são usuários mais experientes, o universo de entrevistados passa a ser de 150 mil pessoas (que já a consumiram mais de cinquenta vezes) e dá uma perspectiva um pouco mais abrangente ao estudo. Não há tantos hippies assim num país com uma população de apenas 5,3 milhões de pessoas (2019). A cânabis tem uma base sólida também em outras subculturas, como hip hop, surf, skate e snowboard, sem falar na cultura rastafári, ou seja, entre pessoas com interesses, estética e estilo de vida completamente diferentes daqueles que se vestem com túnicas de batique, usam cabelos compridos e ouvem rock progressivo. Além disso, é possível que a maioria daqueles que consumiram a droga mais vezes não pertença a nenhuma dessas subculturas, e sejam o que se pode chamar de "pessoas comuns". O objetivo de Sandberg e Pedersen não é categorizar as pessoas que fumam haxixe, mas mostrar que alguns símbolos, rituais e histórias associados ao uso da cânabis têm raízes na cultura hippie das décadas de 1960 e 1970, e ainda estão presentes na forma como a droga é consumida hoje.

"*Don't bogart that joint, pass it over to me*" ["Não prende esse baseado, passa ele aqui pra mim"], dizia em 1978 a letra da música dos norte-americanos Little Feat para enfatizar, de uma maneira um tanto metafórica, uma premissa básica no ritual de quem fuma maconha. Um baseado é para ser *compartilhado*, como indica o próprio termo *joint* ("junto"). Ele passa de mão em mão. "Bogart" é uma referência ao fato de que o ator Humphrey Bogart sempre se deixava fotografar com cigarro preso no canto da boca. Pode parecer charmoso, mas não é um hábito popular no caso dos cigarros aditivados. Permanecer muito tempo com o baseado na mão viola uma regra tácita entre os maconheiros. Na pior das hipóteses, você está impedindo a curtição dos outros. Ao mesmo tempo, não é de bom-tom apressar as pessoas para chegar sua vez de fumar. Tudo tem que ser feito com calma e sem pressões. É pouco provável que alguém enrole um cigarro de maconha apenas para consumi-lo sozinho, assim como convém contribuir com um pouco de erva caso outra pessoa lhe ofereça um baseado. A maconha é muito mais um bem compartilhado do que uma propriedade individual. Esses são procedimentos rituais mapeados por pesquisadores no início da década de 1970 que Sandberg também identifica entre os usuários da erva hoje em dia.

A cânabis continua sendo um símbolo importante. A imagem da planta em si não diz muito, mas por meio das histórias esse símbolo é preenchido com significado. Vários dos entrevistados por Sandberg e Pedersen enfatizaram o aspecto natural da droga, que há milhares de anos vem sendo usada para propósitos tão diferentes como o fabrico de roupas e cordas, por exemplo, e isso é contrastado com o aspecto sintético de outras substâncias. A planta cresce na natureza, idealmente é colhida e utilizada sem quaisquer aditivos, ao contrário de drogas produzidas artificialmente. Os cogumelos são mais valorizados pelos usuários de maconha que uma metanfetamina sintetizada num laboratório na Lituânia. O aspecto relaxante da maconha também contrasta com o comportamento agitado e descontrolado relacionado ao álcool ou às anfetaminas.

Além disso, valoriza-se um certo distanciamento da sociedade convencional. Vários usuários asseguram que maconha estimula a criatividade e os insights, e relatam como o consumo os ajudou a compreender coisas que, de outra maneira, não teriam compreendido. A erva lhes dá algo que as outras pessoas não têm. Tais experiências os distanciam tanto de quem leva uma vida conservadora como de autoridades que se valem do terror para defender a proibição do consumo. Quando um baseado vai passando de mão em mão, é comum que a conversa se volte para a maconha e o espaço que ocupa na sociedade. Que se lamente o desperdício e a inutilidade de criminalizar uma droga tão inofensiva, ao mesmo tempo que é socialmente aceito que pessoas encham a cara e saiam rastejando pelas ruas. Essas conversas fazem parte da experiência social da maconha — nós que aqui fumamos nos damos conta disso enquanto os outros ali não fazem a menor ideia. A mesma divergência é compartilhada.

Os usuários de cânabis noruegueses frisam que a droga é natural, os deixa relaxados e pacíficos, cria percepções que de outra forma não seriam alcançadas e os deixa mais criativos e empáticos. São características que têm raízes nos movimentos sociais das décadas de 1960 e 1970, nos quais a maconha era glorificada. É nesse contexto que Sandberg e Pedersen escrevem sobre uma cultura de cânabis que se manteve estável num mundo em transformação. Por isso, um skatista dos dias de hoje que fizesse uma viagem no tempo para a São Francisco de 1960 não encontraria problemas em se entrosar com um hippie e compartilhar um baseado. Ambos teriam uma linguagem e um universo de significados em comum.

Ao mesmo tempo, não se deve superestimar essa aparente estabilidade da cultura canábica, de modo a crer que os usuários de maconha levam um estilo de vida desviante e contracultural em tempo integral. Os fumantes de maconha ou haxixe, em sua maioria, são provavelmente pessoas comuns, que de vez em quando gostam de sentir o efeito que a droga proporciona, o que também é enfatizado nas entrevistas dos pesquisadores. Talvez a cânabis possibilite apenas uma oportunidade acessível de escapar das agruras da vida cotidiana.

Também há sinais de que a sociedade em geral está mudando a visão que tem sobre a maconha, o que também afetará a cultura e o hábito dos usuários. Partidos políticos, inclusive de situação, são manifestamente a favor da descriminalização do uso da maconha, algo a que voltaremos no último capítulo.

E enquanto Lillebjørn Nilsen e sua namorada foram do céu para o inferno por causa do haxixe, Even e seus amigos do seriado juvenil *Skam* [Vergonha] levam uma vida absolutamente funcional mesmo que deem um tapa num baseado de vez em quando. Em determinado episódio, eles compartilham um *bong* dentro do banheiro enquanto conversam sobre garotas, como qualquer jovem daquela idade, no mesmo momento em que o restante dos convidados entra e sai. Eles foram para o banheiro apenas para ter um pouco de privacidade, não para se esconder. Não há nada indicativo de que aquilo seja um caminho para a decadência moral. A série, um dos maiores sucessos da NRK, a TV pública norueguesa, foi vendida para vários países e virou livro, o que também diz algo sobre a mudança de percepção na sociedade em relação à droga.

Quando o ambiente muda, a opinião sobre o consumo também muda, o que por sua vez pode afetar a forma como os efeitos são experimentados. A cânabis não tem o poder de assumir o controle total do cérebro para proporcionar certas experiências sensoriais. Substâncias diferentes têm propriedades químicas diferentes — qualquer um será capaz de sentir a diferença ente maconha e cocaína —, mas não há uma lei natural determinando que os efeitos serão completamente diferentes em cada ocasião. Tudo depende da pessoa e do contexto. Se estiver relaxado após ter fumado maconha, esse relaxamento facilmente se transformará em inquietação se a polícia estiver por perto.

"Sommeliers" de maconha

Quando se trata de álcool e cânabis, há muito simbolismo associado à própria substância e ao modo como é consumida. Conhecer vinhos a fundo é atualmente um capital social bastante valorizado: ajuda na construção da identidade e garante o acesso a determinados círculos. A quantidade crescente de clubes de vinho é um bom indicativo disso. Neles, a bebida é antes de mais nada um pretexto para se socializar. Tipos de uva, *terroirs* e safras podem até render uma boa conversa, mas o vinho é antes de mais nada um pretexto para encontrar pessoas. O mais importante ali é o contato com o outro. Para frequentar determinados clubes é preciso ter muito dinheiro e conhecimento avançado. As reuniões são planejadas com bastante antecedência, geralmente para coincidir quando um determinado *vintage* de um determinado *terroir* esteja no auge, ou quando diversas safras de um mesmo tipo de vinho estejam disponíveis. É importante que todos tenham o mesmo nível de entusiasmo e interesse, não se trata de um evento qualquer em que qualquer um pode se inscrever. Caso você ainda não seja membro é preciso ser especialmente convidado para a ocasião.

Também entre os usuários da cânabis as conversas giram em torno da substância — haxixe ou maconha, pureza, país de origem, se o cultivo é orgânico, entre outros detalhes — e como deve ser consumida — misturada ao tabaco ou pura, em cachimbo ou enrolada num baseado, como ingrediente de uma receita ou em forma de óleo e assim por diante. Há também os vários equipamentos para o consumo, como papéis para enrolar, cachimbos, trituradores e, mais recentemente, vaporizadores e cigarros eletrônicos para cânabis líquida.

Os entusiastas do vinho podem folhear qualquer revista para obter novas dicas, comprar livros sobre vinhos em exibição nas livrarias, ingressar em grupos no Facebook e participar de discussões abertas. Já os maconheiros precisam recorrer a outros canais para cultivar seu interesse. Alguns encontram o que procuram nos vários fóruns de discussão on-line, geralmente mantendo o anonimato, mas o conhecimento costuma ser compartilhado sem reservas. Eu mesmo me aprofundei num extenso tópico que versava sobre "turismo da fumaça". Não existem agências de viagens explorando esse mercado, não há pacotes prontos à venda, mas não faltam dicas de lugares. As pessoas compartilham dicas de onde conseguir a droga, sem, é claro, revelar a identidade dos vendedores, quais variantes são as melhores, quanto custam, com o que é preciso ter cuidado etc.

Os entusiastas do vinho só bebem vinho, talvez tenham preferência por branco ou tinto, mas os usuários cânabis não são tão exclusivistas, exceto por uma possível preferência entre haxixe ou maconha. Se algum dia você estiver numa festa na companhia deles, o importante é se ater aos códigos rituais. Embebedar-se no clube do vinho enquanto vinhos exclusivos são servidos à mesa não é recomendável, assim como tossir, pigarrear ou ter um acesso de riso sob efeito da droga na companhia de experts em maconha.

Quando se trata de ecstasy e MDMA, é a própria experiência com a droga que conta. Quesitos como sabor e forma de consumir são irrelevantes, o efeito real da substância é o importante.

Empatia e êxtase

"Tomei simplesmente porque me fez sentir que tudo era maravilhoso."[25] Foi o que revelou o cantor George Michael em sua biografia, resumindo bem por que certas pessoas preferem os efeitos do ecstasy. O mundo e tudo que houver nele transparecem como um lugar lindo. Ele não é o único que tem elogios a fazer a essa droga. Os relatos de usuários chegam a parecer puros textos publicitários. Aqui, um jovem de vinte e poucos anos conta de quando ele e três amigos de infância passaram uma noite juntos. Nenhum deles havia experimentado a droga antes.

Todo o ciúme, a irritação com coisas pequenas, as inseguranças de qualquer tipo desapareceram completamente. De repente, a gente se perguntou, com toda a sinceridade e sem nenhuma reserva, se podíamos nos abraçar, e é claro que nos abraçamos. Nos entreolhamos nos olhos e dissemos "eu te amo" sem sentir nenhum tipo de desconforto, como se não estivéssemos falando sério ou sentíssemos vergonha de dizer aquilo. A amizade desse grupo de amigos se fortaleceu, eles passaram a enxergar uns aos outros de uma forma que até então nunca havia ocorrido. Foi exatamente essa descoberta que o químico norte-americano Alexander Shulgin, popularmente conhecido como Dr. Ecstasy, acreditou ser o potencial do MDMA. A substância ativa do ecstasy poderia se tornar uma ferramenta terapêutica, segundo ele, porque era capaz de nos abrir os olhos para enxergar o outro, e não tinha os efeitos alucinógenos potencialmente fortes do LSD, por exemplo, com o qual vários experimentos terapêuticos foram realizados. O MDMA induziu uma alteração controlada de consciência que resultou em pacientes mais dispostos a conversar, mais receptivos e menos temerosos, uma vez que passaram a adotar atitude positiva diante de si e das pessoas em volta. Esses foram os primeiros progressos na investigação sobre MDMA no final da década de 1970. Alguns psicólogos e psiquiatras primeiro experimentaram em si mesmos a droga, em seguida no tratamento de seus pacientes.

O método de Schulgin para testar as substâncias que desenvolvia em laboratório obedecia ao seguinte roteiro: primeiro ele mesmo as ingeria, em doses muito pequenas, que aumentava gradativamente até sentir os efeitos; em seguida, depois pediu à esposa para acompanhá-lo, e ambos relataram a experiência por escrito; na sequência, os dois convidaram amigos interessados em participar, lhes administraram doses cuidadosamente balanceadas e anotaram as descrições de seus relatos. Em muitos aspectos, foi uma atividade elitista. Os participantes eram pessoas sofisticadas, altamente educadas, artistas e boêmios, que tinham um interesse especial e muitas vezes profissional em explorar os insights das alterações na consciência. Alguns provavelmente quisessem apenas ficar doidões, quem vai saber?

De início, o MDMA não tinha tanto apelo assim para atrair interessados em consumi-lo. O boato se espalhou e a droga acabou trilhando seu caminho para fora dos círculos mais restritos. Nunca se tornou algo dirigido à população em geral, mas um punhado de laboratórios norte-americanos chegou a produzi-la em quantidades maciças após a primeira metade da década de 1980. A sorte — ou infortúnio, a depender da perspectiva que se queira — foi que a substância não estava sujeita a restrições. O MDMA só foi criminalizado nos Estados Unidos em 1985. Até então, era distribuído sem embargos e vendido sobretudo em bares e boates. O consumo explodiu em determinados ambientes, especialmente entre jovens bem-sucedidos de classe média, os chamados *yuppies*. Foram eles que batizaram a droga de ecstasy, nome que Shulgin não via com bons olhos por considerar uma espécie de propaganda enganosa. Segundo ele, *"empathy"* seria muito mais apropriado. Do ponto de vista comercial, porém, êxtase é um nome bem mais vendável que empatia.[26]

Um efeito que Shulgin e outras pessoas com ideias semelhantes não haviam estudado mais amiúde foi a reação do corpo à droga. Enquanto ele, a esposa e amigos no ambiente terapêutico estavam mais preocupados com aspectos cognitivos e emocionais — como a substância afetava a fala, a percepção de si mesmo e das pessoas ao redor —, outros logo perceberam que o MDMA era perfeito para outras atividades, como dançar, por exemplo.

Revisitando o Verão do Amor

Houve um novo verão do amor mais de vinte anos depois do original hippie. Dessa vez foi em 1988, na Inglaterra. O ecstasy havia chegado à Europa e, especialmente nas Ilhas Britânicas, fez muito sucesso, Em vez em reuniões estruturadas com conversas empáticas, contudo, ficou inextricavelmente ligado a uma determinada cultura de festas e a um gênero musical em particular. As pessoas perceberam que, com o ecstasy, a house music não era percebida de forma monótona, não sentiam falta de uma letra na música. O propósito não era *ouvir* e sim *dançar*, e não só um pouquinho, mas durante horas e horas.

Esse primeiro momento ocorreu em ambientes mais ou menos privados. DJs e convidados encontravam o local adequado, em locais fechados ou ao ar livre, convidavam amigos e amigos de amigos, tomavam ecstasy e dançavam enquanto o corpo aguentasse. O escritor britânico Matthew Collin escreveu um livro sobre esse fenômeno, conhecido mais tarde como cultura *rave*.[27] Ele mesmo fez parte dela. Collins a caracteriza como uma cultura inclusiva e aberta. Não estava fundada sobre uma ideologia específica, e o ambiente era misto — músicos, empresários, torcedores de futebol, hippies, ativistas políticos, artistas e criminosos. Ninguém precisava fazer isso ou aquilo para se encaixar. O ativista político costumava escolher um estilo diferente do torcedor de futebol, e era exatamente isso que caracterizava o movimento — ele era moldado pelos desejos e vontades dos indivíduos mais diferentes, as pessoas influenciavam a cultura fazendo exatamente o que queriam. Collins associa isso à inspiração decorrente dos efeitos do ecstasy — as pessoas se sentem livres e, ao mesmo tempo, apreciam que os outros também se sintam assim, o mundo parece perfeito *exatamente como é*. Essas festas, embaladas por dança, música e drogas, passaram a ser descritas como zonas autônomas temporárias, uma espécie de utopia onde as fantasias se tornam reais e a liberdade de se expressar é ilimitada. Em outras palavras, são transgressões extremas, mais do que algumas canecas de cerveja num pub normalmente proporcionam.

E tudo isso parecia muito tentador. Tanto que, para alguns participantes, foi além da conta: era difícil voltar à realidade cotidiana depois de um fim de semana na utopia, para a qual queriam retornar o mais rápido possível. Mais e mais pessoas passaram a explorar o lado econômico desse fenômeno, e a cena *rave* foi se transformando em algo maciçamente comercial. Imagine uma festa gigante com bastões fluorescentes e outros efeitos baratos, e camisetas "Onde está a festa do ácido?" sendo vendidas nas butiques chiques da Oxford Street. Com o crescente apelo das *raves*, se tornou crucial para as autoridades tentar controlar um fenômeno diante do qual não era mais possível fechar os olhos, à medida que milhares de jovens se reuniam semanalmente para usar uma droga ilegal. Assim sendo, a polícia entrou em ação e apertou o cerco, e lenta mas inexoravelmente essa cultura foi sendo sufocada.

Na Noruega, a história é relativamente semelhante, com alguns anos de atraso e em menor escala. De *raves* underground em locais secretos na transição para a década de 1990, ao Hyperstate, com 7 mil participantes, no início dos anos 2000, quando as manchetes dos jornais noticiavam centenas de jovens multados por porte de drogas.[28] Embora algumas *raves* ainda sejam organizadas aqui e ali, não há mais um movimento e uma cultura que façam frente ao apogeu de antes. E ao declínio da cultura se seguiu também declínio no uso de ecstasy, pelo menos até os anos mais recentes, quando as estatísticas demonstram uma retomada expressiva.

O MDMA hoje

O assunto agora é MDMA, não ecstasy, e isso requer uma explicação, pois MDMA e ecstasy não são a mesma coisa? O MDMA é o ingrediente ativo, aquele que altera a consciência, enquanto ecstasy é só um nome comercial, de fantasia. Agora as pessoas querem MDMA, não mais ecstasy. Como assim?

"As pessoas com quem conversei que tomaram ou me ofereceram ecstasy resvalavam na estética *rave*, se você pode chamá-la assim, enquanto o MDMA inclui tudo, de engenheiros e arquitetos a... qualquer um."[29] É o que conta a socióloga norueguesa Marit Edland-Gryt, que estudou a retomada do consumo de MDMA na Noruega. Não que a droga tenha se banalizado, o porcentual da população em geral que declara consumir MDMA permanece ínfimo, mas em alguns grupos houve um aumento acentuado, especialmente entre os jovens na vida noturna das grandes cidades. O que "Robert" faz, e Edland-Gryt enxerga como um padrão entre os usuários de MDMA que entrevistou, é uma tentativa de se distanciar dos estereótipos relacionados ao ecstasy. Os usuários de hoje não querem mais ser associados a bastões fluorescentes, não é isso que os caracteriza. Quando dizem que não consomem ecstasy, apenas MDMA, ainda que farmacologicamente se trate da mesma substância, exemplificam na prática a importância dos símbolos e demonstram como o *significado* é crucial na escolha de uma droga.

Quando os usuários de MDMA na Noruega de hoje descrevem sua experiência com a drogas, ouve-se um eco das *raves* na década de 1990, mas também um propósito mais espiritual e terapêutico que caracterizava os hippies da década de 1970. Basta prestar atenção no que diz "Tim", um estudante de vinte anos: "O MDMA remove todos os bloqueios do cérebro e todas as endorfinas são liberadas ao mesmo tempo. É como um big bang e você fica muito, muito feliz; você ama tudo e todos ao seu redor. Você não tem mais um só problema neste mundo".[30] Os sentimentos e a experiência circunstancial aparentemente não mudaram, a despeito das culturas diferentes. Mesmo porque, como sugere a pesquisa de Edland-Gryt, a cultura dos usuários de MDMA atual não parece ter traços marcadamente distintos. Ou seja, eles se preocupam que o ambiente de consumo seja adequado, mas não precisa estar relacionado à música e à dança, ou a um encontro de interessados numa aplicação terapêutica ou espiritual. O uso de MDMA hoje é caracterizado pela diversidade. Alguns ficam em casa, em reuniões de amigos que conversam e sentem empatia mútua; outros fazem trilhas pela mata, apreciam a natureza e sentem a imensidão das coisas pequenas; alguns caminham pelas ruas e percebem vibrações emanando de transeuntes aleatórios; alguns vão a festas ou a um bar para conversar abertamente com estranhos, enquanto outros dançam e sentem a música e o movimento se fundir num plano superior. A grande questão é: por que todo mundo não consome o tempo inteiro uma droga que parece assim tão fantástica?

Os entrevistados de Edland-Gryt afirmaram que os intervalos entre doses são longos, e nos fóruns de discussão também prevalece a opinião de que o MDMA não deve ser tomado com tanta frequência. Muitos afirmam que três a quatro vezes por ano é o máximo, outros acham que o espaçamento entre doses pode ser menor, mas ninguém acredita que possa ser tomado como substituto de uma taça de vinho ou de um baseado, durante a semana ou todos os finais de semana. Pode ser bom, mas também pode resultar em experiências dramáticas, não é apenas um pequeno empurrão na consciência, pode resultar numa reviravolta, às vezes até numa explosão, mas o fato é que a maioria diz que não sente o desejo de consumi--lo habitualmente. Além disso, existe o medo de que ponham tudo a perder e deixem de sentir os efeitos do MDMA devido ao consumo excessivo. Quem passou por tratamento medicamentoso com a substância costuma mencionar seus benefícios após uma ou duas doses, e não sentem a necessidade de tomá-lo mais vezes. O MDMA figura bem abaixo na lista científica que classifica o potencial aditivo de diversas drogas.[31]

Drogas para aprender

Em todos os casos examinados até aqui percorremos o reino do ego. Quem absorve, interpreta, experimenta, sente o mundo de uma forma ligeiramente diferente é um "eu". O que há de especial na substância que examinaremos a seguir é que ela desencadeia uma alteração na consciência em que o ego se dissolve. Já não é você que passa a enxergar o mundo diferente, é como se algo completamente novo assumisse o controle da sua consciência e lhe apresentasse o mundo de outra maneira. São experiências em geral muito intensas. Tempo e espaço se dissolvem e o transportam para a frente, para trás, para o alto e para fora, para o espaço ou para o núcleo terrestre, para o interior de uma planta ou para as asas de uma águia, e talvez você encontre Deus ou o próprio diabo. As experiências podem tanto ser aterrorizantes como encantadoras. A consciência alterada pode render bons insights, possibilitar a compreensão de algo novo ou reavivar algo que estava inconsciente. É, em outras palavras, um arrebatamento didático.

Substâncias que têm o potencial de provocar tais experiências são chamadas de psicodélicas. O termo designa um grupo de drogas que têm em comum o fato de alterarem a consciência de uma maneira muito específica. A mais conhecida delas é o LSD ou a psilocibina, ingrediente ativo dos célebres cogumelos mágicos.

Embora não seja uma droga consumida largamente na Noruega, as estatísticas nos últimos anos mostram que entre 1% e 1,5% da população adulta já a experimentou pelo menos uma vez na vida. É, portanto, uma droga para iniciados. Ao mesmo tempo, é razoável supor que a procura por ela aumente no curto prazo. Há um interesse crescente por psicodélicos em vários ambientes acadêmicos respeitáveis, especialmente nos Estados Unidos e na Inglaterra, o que pode aumentar a popularidade dessas substâncias. E há cada vez mais artigos e reportagens na imprensa sobre usuários que defendem a importância delas.[32] Um fenômeno crescente chamado microdosagem também está associado ao consumo de psicodélicos.[33] Trata-se da ingestão de pequenas quantidades para expandir a criatividade e a concentração muito mais do que para causar uma alteração maior da consciência. Independentemente desse incremento no consumo, a experiência psicodélica aponta para um lado muito interessante da questão: algumas drogas, além de possibilitar um escape do cotidiano e da normalidade, também podem oferecer insights e experiências com características mais profundas. Não se trata de celebração e diversão na acepção comum desses termos, mas de usar a droga como instrumento para abrir a mente.

Várias pesquisas com psicodélicos foram realizadas nas décadas de 1950 e 1960 nos Estados Unidos, mas nunca havia me debruçado sobre elas para examiná-las mais de perto. Basicamente, posso apenas ter associado o fenômeno como um todo a uma era cultural que, assim como o uso de túnicas de batique, (quase) desapareceu quando os jovens hippies foram envelhecendo, e ainda bem que foi assim. Agora, entretanto, há um renascimento da pesquisa psicodélica. Desde o início da década de 2000, determinados centros de pesquisa espanaram a poeira de velhos artigos acadêmicos e retomaram os experimentos. A nova pesquisa se dá em torno de dois eixos — um sobre o uso de psicodélicos para tratar transtornos mentais, entre eles dependência, ansiedade e depressão. Os resultados são promissores, ainda que o escopo dos estudos seja muito pequeno. Voltaremos a esses estudos mais adiante. O outro eixo investiga pessoas para quem o uso de psicodélicos figura no topo da lista de eventos mais significativos da vida, comparável ao nascimento dos filhos ou ao casamento. Em outras palavras, estamos falando de experiências marcantes, no sentido positivo. Os estudos consistem em investigar a importância dos psicodélicos para pessoas comuns, saudáveis, curiosas e empreendendo algum tipo de busca espiritual. Esse é o lado do fenômeno que examinaremos mais de perto agora.

Já achei que psicodélicos são substâncias perigosas, capazes de enlouquecer quem quer que entrasse em contato com elas. As pessoas embarcariam em viagens das quais nunca mais retornariam. E isso certamente aconteceu, mas essas impressões são, antes de mais nada, resultado da minha formação cultural, das histórias sobre psicodélicos que ouvi ao longo da vida. Uma maneira de superar essas associações intuitivas é assistir a uma entrevista ou a uma palestra de Roland Griffiths, um dos principais nomes da nova pesquisa psicodélica.[34] Desde 1972, Griffiths é professor de Psiquiatria da conceituada Universidade John Hopkins, em Baltimore, Estados Unidos. É um pesquisador respeitado, autor de mais de 360 artigos de pesquisa revisados por pares e de capítulos de livros sobre drogas e dependência. Os psicodélicos não estavam entre as substâncias que chamavam sua atenção até o final da década de 1900. Até então, suas pesquisas eram eminentemente laboratoriais e ancoradas no behaviorismo: procuravam estudar as conexões entre estímulos e respostas e compreender como certas condutas em roedores sob o efeito de drogas poderiam ser associadas ao comportamento humano.

Griffiths despertou para os psicodélicos depois que um amigo o aconselhou a praticar ioga e meditação. Foi então que descobriu que a consciência tinha espaço para abrigar mais do que supunha. As repercussões disso o deixaram perplexo, sem conseguir compreender os estados que alcançou através da meditação profunda. Embora definitivamente não fosse uma pessoa religiosa, ficou convencido de que existe "algo" além do que sua concepção de mundo sugeria, e precisamente isso o fez lembrar de relatos de pessoas sobre viagens psicodélicas e o estimulou a investigar esse campo mais a fundo. Como cientista rigoroso e metódico que era, lhe faltavam instrumentos para dar sentido a esses novos insights sobre a consciência, e tudo o que lhe restava eram metáforas, associações e um vocabulário com o qual não estava familiarizado. Experiências místicas e espirituais não existiam nos laboratórios em que trabalhara por mais de trinta anos. Comparadas a essas novas experiências, suas pesquisas agora pareciam enfadonhas — afinal o que eram cafeína, ratos e receptores cerebrais comparados a viagens inexplicáveis e insondáveis pela consciência? Griffiths seguiu sua curiosidade, entrou em contato com pessoas com interesses coincidentes e, em 1999, recebeu aval legal e financeiro para um projeto-piloto envolvendo a psilocibina.

Uma droga capaz de mudar vidas

No primeiro projeto de pesquisa de Griffiths, a psilocibina foi administrada a pessoas saudáveis sem experiência em psicodélicos. A psilocibina é uma molécula encontrada em alguns tipos de fungos, como o popularmente chamado cogumelo mágico. Descobertas arqueológicas sugerem que os humanos conhecem o poder desses fungos há milhares de anos. Eles não sabiam que o neurotransmissor serotonina era ativado e conectado aos receptores espalhados pelo cérebro, mas percebiam que os fungos tinham um efeito profundo e misterioso na percepção do mundo. Na Universidade John Hopkins, os participantes não ingeriram um prato de cogumelos, mas uma pílula de psilocibina preparada quimicamente em doses balanceadas.

Os participantes do estudo não tinham experiência anterior com psicodélicos, e a seleção excluiu aqueles com maior risco familiar de esquizofrenia e transtorno de personalidade borderline. Além disso, foram instruídos do que poderiam esperar da experiência. A administração da psilocibina ocorreu num ambiente decorado como uma sala de estar, e os participantes deitavam-se num sofá com máscaras nos olhos e fones de ouvido que tocavam música clássica. Sempre havia um ou mais facilitadores presentes que poderiam tranquilizar o participante, caso ficasse agitado. As sessões duravam cerca de oito horas.

Em 2006, os resultados foram publicados no artigo: "A psilocibina pode resultar em experiências do tipo místicas com significado pessoal e espiritual substancial e sustentado".[35] Chama a atenção o fato de que quase 20% dos participantes relacionam essas experiências entre as cinco mais ou *a mais importante* que tiveram na vida. Isso é particularmente impressionante por se tratar de adultos, muitos dos quais com formação superior e bem empregados e, não menos relevante, vários deles com filhos e cônjuges. A experiência estava, portanto, em pé de igualdade com outras consideradas mais profundas e marcantes na vida. Então o que aconteceu de fato?

Nem Griffiths nem outros pesquisadores da área sabem explicar ao certo. São moléculas que, em pequenas doses — microgramas —, ocasionam experiências profundas, místicas e espirituais, mas ninguém entende por quê. Na verdade, sabemos parte dos processos puramente químicos que envolvem os receptores no cérebro, mas por que esses processos têm um efeito tão perturbador sobre a consciência é um mistério. A razão para isso é porque conhecemos tão pouco a natureza da consciência humana. Sabemos que possuímos algo a que chamamos de consciência, mas ela não tem nenhuma dimensão material conhecida. A consciência não pode ser observada nem localizada, não aparece em nenhum exame de imagem cerebral.

Em sua pesquisa anterior, Griffiths lidava com os chamados dados concretos, mas nesta ele se dá por satisfeito com as experiências subjetivas dos participantes, concentrando-se naquilo que chamamos de fenomenologia. São os relatos subjetivos e as próprias interpretações que os participantes fazem de suas experiências que constituem a matéria-prima da pesquisa, e o que é recorrente neles é a constatação de que existe algo além da percepção comum da realidade, sugerindo que o ego, as outras pessoas e a natureza fazem parte de um todo maior, que é o universo. É recorrente também a experiência de um amor conectado a tudo que existe, ao universo em sua totalidade. Em termos de conteúdo, as experiências variaram, mas os insights que proporcionaram resultaram em padrões muito claros.

Parece fantástico, mas também pode soar como mera retórica. Se o resultado é uma experiência que conecta tudo a qualquer coisa e reafirma o amor como a força mais poderosa, não haveria por que discordar, a questão é que qualquer um pode ir a uma loja de decoração e comprar um pôster que afirme a mesma coisa. Ao mesmo tempo, também sei que existe uma grande diferença entre concordar com determinado assunto e ter *consciência* dele. Embora ame meus filhos mais que tudo, e isso seja uma espécie de constante na minha vida, às vezes sinto que esse amor é extraordinário e me aquece o corpo inteiro, chego a *senti-lo*. A natureza às vezes me proporcionou experiências magníficas e, devo admitir, mais impactantes que os efeitos de qualquer droga. O mais próximo que tive de uma experiência psicodélica foi quando, depois de fumar um pouco de uma maconha com alto teor de THC, passei a enxergar as folhas de uma árvore como nunca as tinha visto antes. A estrutura, as cores, as gotas pendendo das pontas — tudo me parecia um milagre cósmico. E não posso deixar de mencionar também a música — costumo ouvir ou tocar instrumentos e é muito prazeroso, mas às vezes *sinto* a melodia no corpo, e é uma sensação completamente diferente.

Tais experiências têm consequências, prolongam uma ação específica ao longo do tempo. O que Griffiths descobriu é que as experiências psicodélicas não são apenas intensas enquanto duram, mas se desdobram em algo permanente. Os participantes, completamente inexperientes com psicodélicos, experimentam uma sensação que extrapola um evento concreto e lhes traz consequências boas e duradouras — uma transformação de vida. Eles ficam mais receptivos e passam a enxergar o mundo de forma mais positiva. Outra parte que chama a atenção na pesquisa de Griffiths com os fungos psicodélicos é que ele e os colegas entrevistaram de duas a três pessoas próximas dos participantes, como cônjuges, amigos e irmãos, que confirmaram o testemunho de que estavam mais abertos, mais atentos, mais gratos e mais felizes.

O que Griffiths e os demais envolvidos nas pesquisas recentes com psicodélicos enfatizam é a importância de que todos estejam muito cientes do que estão fazendo e do que podem esperar com a experiência, e que as circunstâncias sejam apropriadas para isso. É preciso estar num ambiente seguro e na companhia de pessoas em quem confiem. Não há quem queira repetir as desastradas experiências da década de 1960. Ou, no relato figurado de Sam Harris, escritor estadunidense com experiências positivas com psicodélicos: "Para cada insight alcançado por meio das drogas, havia um exército de zumbis com flores nos cabelos, subjugando-se ao colapso e ao remorso".[36] O que está em jogo são forças muito poderosas, que não podem sair do controle.

Perda controlada do controle

O que drogas fazem é uma ativação dos nossos sistemas de recompensa. O bem-estar tem uma explicação farmacológica, mas a razão para que possa ser considerado uma "droga vital" é que ele ocorre em certas situações sociais que nos ajudam a perceber certos aspectos da vida dos quais queremos uma proximidade. Pode ser uma experiência de comunhão, um sentimento de liberdade há muito desejado, uma ousadia maior em expressar quem somos e queremos ser. A droga em si, a mudança real de consciência, não é suficiente, ela precisa ocorrer em determinados ambientes e de determinadas maneiras, e isso varia muito de pessoa a pessoa, de acordo com preferências que são, exclusivamente, individuais. O que há em comum é que se trata de algum tipo de transgressão. E qualquer transgressão implica uma certa *perda de controle*, exatamente porque se avança para um território desconhecido. Porém, na maioria dos casos, isso não significa se lançar numa experiência psicodélica que rompe fronteiras. Uma expressão amplamente utilizada na literatura acadêmica é *perda controlada de controle*.[37] O que vale é rir com os amigos, ter boas conversas e dançar um pouco mais livremente, ou pode ser também sentir um amor pelo mundo e abrir os sentidos para o divino, e não acordar de ressaca no meio de um grupo de Hells Angels ou no colo do marido da chefe. Essa perda de controle deve ter algum propósito — e não pode ser total.

É claro que há uma grande diferença entre uma noitada embalada a MDMA e uma rodada de bebida com os colegas depois do expediente, mas no fundo é possível encontrar em ambas as experiências um denominador comum, que é justamente cruzar as fronteiras do ordinário, fortalecer sentimentos e experiências, transcender seu lugar conhecido no mundo. A maioria prefere o álcool, algumas pessoas preferem outras drogas, mas todos estão na verdade em busca do mesmo, só que de maneiras diferentes. Certa vez, um célebre pesquisador de drogas me disse: "Imagine passar a noite bebendo vinho e conversando sobre o trabalho e a vida de sempre para acordar no dia seguinte de ressaca. Que bela oportunidade desperdiçada... Não seria melhor passar a noite dançando e se divertindo, ainda que para isso fosse preciso recorrer a outras substâncias?". A droga mais comum e a mais socialmente aceita pode ser conveniente para muitos indivíduos, pode até ajudá-los a dançar, mas sem dúvida há outras que podem render experiências bem mais significativas.

Capítulo 3

Drogas para sobreviver

Ela desperta um pouco antes das oito, ainda deitada no sofá com a seringa pendendo do antebraço. Puxa-a com cuidado, sente arder a pele intumescida ao redor da picada e só então percebe a amiga deitada no outro sofá. O rosto dela parece corado, mas só por garantia vai até lá e a sacode gentilmente. A amiga mal abre os olhos, volta a pegar no sono e se vira de costas. Há vários objetos espalhados sobre a mesa, mas nenhum vestígio da droga. Ela vai ao banheiro, enxágua o rosto com um pouco de água, veste a jaqueta e sai pela porta.

Lá fora, a ventania assanha os flocos de neve e ela sente o frio penetrar debaixo da roupa. Como terminou a noite, afinal? Ela pega o telefone e liga para o mesmo traficante de ontem. Ele não atende, então ela decide ir direto ao local onde sempre combinam a entrega. Assim que vira a esquina, avista o antigo professor do Ensino Fundamental sentado na janela do bar com uma cerveja diante de si. Ele? Ali? Agora?

Ele completou setenta anos há uma semana, e desde então começa os dias no bar. Até que as coisas vão bem agora, depois de tanto tempo bebendo sem parar. Correu tudo bem até na festa do aniversário, mas ela durou apenas um dia e foi difícil voltar a ficar sóbrio. Foi uma festa e tanto, a comida, os discursos, todos sorrindo e se querendo bem. Risadas e netos no colo. É para isso que se vive, e saber viver ele sabe como ninguém, mas mesmo assim prefere ficar observando através da vitrina o vaivém de pessoas, sempre acompanhado de um copo de cerveja. É difícil saber por que, mas ele vem se preocupando cada vez menos com essa pergunta.

Do outro lado da rua, o outrora pequeno escritório de advocacia cresceu a olhos vistos. O jovem e ambicioso estagiário finalmente atingiu o objetivo de se tornar sócio. Agora que completou 43 anos, tudo lhe parece indiferente. As primeiras horas da manhã são as mais difíceis, voltadas preferencialmente para tarefas burocráticas, mas hoje nem das intermináveis reuniões ele conseguiu se desvencilhar. Ele abre a gaveta, pega a garrafa de vodca e despeja uma dose generosa na caneca de café. Toma um gole direto da garrafa também, imprime os documentos de que precisava, toma outro gole e parte na direção da sala de reuniões.

No andar de cima, um almoço de despedida está sendo preparado para a chefe da administração. Bandejas com salgadinhos são postas sobre a mesa e as taças de espumante borbulham. Uma tacinha até que cai bem, comentam os colegas, mas nossa protagonista já bebeu três. Está aliviada e feliz, comovida com os elogios que os colegas lhe fazem e os desejos de que seja feliz na aposentadoria, mas também está receosa. Até costuma beber depois do trabalho, e no máximo uma garrafa por noite, vinho branco de preferência. O que será de um dia inteiro de tempo livre com apenas uma garrafa? Ela finge não encontrar sua taça quase vazia e pega uma nova.

No bar, o vigia noturno assume o comando. Dia tranquilo, diz o segurança vespertino emendando com um breve relato do que aconteceu até agora, gente animada, nada de especial. Ele apanha suas coisas e vai para casa, mas antes passa no supermercado para comprar o jantar, comida pronta, e seis latinhas de cerveja. Em casa, os brinquedos dos filhos estão ainda esparramados pelo chão, nem há por que arrumar nada, a sala fica deserta demais e ele gosta da lembrança que trazem. Faltam dez dias para que estejam ali novamente e fiquem o fim de semana inteiro. Ele enfia as almôndegas no micro-ondas, pega o estojo e enrola um belo cigarro de maconha. Afunda no sofá, fuma o baseado, come, bebe, a agitação diminui e o entorpecimento toma conta do corpo, e assim, seis cervejas depois, ele adormece.

A amiga que chegou ainda de madrugada e deixou a casa limpa e arrumada. Que legal, ela diz, mas você está bem? Passei na farmácia e peguei a metadona, eu me viro, responde a amiga. Ela remexe na bolsa, tira alguns exemplares de revistas *Erlik** que não conseguiu vender, um maço de cigarros, um estojo e uma cartela de Rohypnol. Pega a carteira e sacode três quadradinhos marrons sobre a mesa. Quer? É a mesma de ontem, diz a amiga, coisa fina. Não, não sei direito o que é, vamos pegar leve e dividir um. Ela está tremendo e pede à amiga para acender o isqueiro, puxa a manga do suéter, estica o braço e encontra uma veia que lhe parece boa. Vamos saber na primeira picada, diz ela sentindo formigamento, apertando o êmbolo até o fim e voltando a desabar no sofá. Valeu, é boa mesmo.

Em nenhum desses casos as drogas servem para quebrar a rotina, ultrapassar limites, reforçar bons sentimentos, experimentar algo excitante e há muito ansiado. Não estamos mais falando de transgredir nem confrontar o cotidiano, mas de suportá-lo, de consumir *drogas para sobreviver*.

Da mesma forma que nas *drogas para viver*, neste caso também importa o tipo de droga, quando, onde e com quem consumi-la. Entre álcool e heroína, por exemplo, existe uma grande diferença. Algumas pessoas começam o dia bebendo em bares que abrem as portas de manhã cedo, onde encontram gente simpática e atenciosa que lhes transmite seguran-

---

* N.T.: Iniciativa social de uma fundação sem fins lucrativos para gerar renda para pessoas em situação de rua.

ça e vende a bebida que tanto procuram. Outros começam o dia aplicando-se uma seringa de heroína em ambulatórios que existem com esse propósito. Neles, também há pessoas simpáticas e atenciosas transmitindo segurança, mas não dispõem da substância de que tanto precisam para suportar as agruras da vida.

O álcool e a heroína têm várias semelhanças. Ambos são o que chamamos de sedativos e estão farmacologicamente relacionados. Os efeitos que desencadeiam no interior do corpo também podem ser bastante semelhantes. Ambos acalmam a inquietação, eliminam as dores, ajudam a relaxar. No entanto, é possível comprar álcool legalmente nos supermercados e bares, enquanto heroína só está disponível no turbulento mercado negro das ruas. Isso tem consequências não apenas práticas, mas empresta à substância e a seus efeitos um outro universo de significados. Você pode ser punido pela simples posse e consumo dessa droga, e automaticamente se tornar um criminoso. Para quem tem como droga de escolha a heroína ou o álcool, este é apenas um dos muitos aspectos que estigmatizam o consumo dessas substâncias.

Quando se torna um hábito, quando se recorre a ela mais para *estar* no mundo do que para *transcendê-lo*, a droga passa a ocupar um espaço maior na vida da pessoa, e vai tingindo o cotidiano com cores mais berrantes. Passa a ter um significado maior na vida e, em vez de possibilitar uma ruptura na rotina, infiltra-se nela, sorrateiramente. Neste capítulo, examinaremos como a droga deixa um impacto profundo na relação dos usuários com o mundo que os cerca, e como contribui para moldar sua identidade e interação em várias instâncias da sociedade. Veremos também como a relação com essas substâncias está associada à solidão e ao tédio.

Antes, porém: o que chamo de drogas para sobreviver se refere a uma *necessidade*, impossível de resistir e imprescindível para levar uma vida minimamente funcional, o que nos remete a outro termo: dependência — mas o que é, afinal?

Dependência

Existe uma vasta bibliografia acadêmica sobre a dependência, abrangendo uma série de disciplinas diferentes, e é fácil se perder nesse labirinto. Não apenas porque existem tantas perspectivas diferentes sobre esse fenômeno, mas também porque o termo é empregado em várias situações. Não é apenas em drogas que as pessoas se viciam e se tornam dependentes, mas em internet, em sexo, em compras, em jogos e assim por diante; por isso, a expressão acaba sendo banalizada sem que se tenha uma definição clara do que de fato é. Embora possa haver semelhanças entre a atração irresistível que as pessoas sentem por jogos de computador, compras e heroína, é difícil imaginar que se trate exatamente da mesma coisa.

Além disso, o que hoje chamamos de dependência não se mantém constante e infensa a fatores como tempo e lugar. Não estamos falando de uma mesma coisa que vem ocorrendo no interior da Tanzânia ou no Centro de Tóquio, tanto no século passado como hoje, sem se deixar afetar pelo tempo ou pelo espaço. Na Noruega, não precisamos voltar tanto assim no tempo para constatar que a bebida era considerada um pecado capital. Depois que o cristianismo perdeu sua posição como bússola moral da sociedade, o pecado do beberrão não é mais contra Deus, mas contra aquilo que o senso comum determina que é ou não moral. Beber passou a ser considerado uma falha de caráter.

Hoje, o vício em drogas tem o status formal de doença, mas não de uma doença como normalmente a concebemos. Um exame de sangue pode revelar uma infecção, uma ressonância magnética, um tumor; mas não há nada que possamos aferir no corpo ou na mente para determinar se uma determinada pessoa é ou não dependente. É possível, sim, diagnosticá-la como dependente, mas somente depois de uma avaliação dos sintomas reportados ao médico. Estes incluem condições psicológicas, sociais e fisiológicas e, somente caso pontue acima de um determinado nível, o paciente atenderá aos critérios para isso.[38] Muitos deles são sobre como a pessoa funciona, até que ponto o uso de drogas afeta o corpo, a psique, o trabalho, as finanças, a família e assim por diante. Dessa forma, pode-se chegar ao diagnóstico de dependência química, categorizada como um transtorno psiquiátrico, ainda que não se refira a uma condição claramente definida, mas esse é o caso da maioria dos transtornos psiquiátricos: eles não têm o mesmo princípio objetivo dos transtornos físicos. Isso, é claro, não os faz menos reais, apenas indica que estão assentados sobre outros fundamentos, necessariamente mais subjetivos e por vezes difusos.

Certos neurocientistas estão otimistas quanto à solução do enigma da dependência, a qual consideram uma doença cerebral,[39] isto porque é possível identificar hoje, com alto grau de precisão, os efeitos de longo prazo que uma substância tem no cérebro. Em suma, estamos falando de alterações fisiológicas que comprometem os processos de aprendizagem e motivacionais. Quando uma droga é consumida repetidamente, novas vias neurais são estabelecidas e conectadas ao sistema de recompensas do cérebro, num fenômeno conhecido como neuroadaptação. Se um indivíduo é exposto a um estímulo associado à droga (o gorgolejar do vinho servido numa taça, o cheiro de tabaco ou cânabis ou o que quer que seja), essas novas vias são ativadas de forma a lembrar ao cérebro sobre a recompensa que virá a seguir se a droga for consumida. Assim, a pessoa estará mais motivada a buscá-la, tanto mais se esses mecanismos se consolidem ao longo do tempo devido ao uso abusivo dessas substâncias. Por fim, isso resultará numa erosão dos mecanismos de controle, tornando impossível resistir à tentação. A capacidade de se abster da droga fica comprometida.

Cada faceta do comportamento humano pode ser, ao fim e ao cabo, reduzida a atividades cerebrais, e, para muitas pessoas, *reduzir* é uma palavra-chave nessa frase. Francis Crick, um dos descobridores do DNA, afirmou o seguinte: "Você, suas alegrias, tristezas, memórias, ambições, personalidade e livre-arbítrio são, na realidade, nada mais do que um enorme amontoado de células cerebrais e moléculas associadas a elas".[40] Pode ser, mas para que serve essa informação? Ela nos ajuda a perceber tudo o que acontece com um indivíduo que acorda de manhã, tomado pela abstinência e pela vergonha, tenta conseguir algum dinheiro, liga para a mãe pedindo ajuda, ouve a mãe começar a chorar, desliga o telefone, sai de casa sob um frio congelante, encontra um amigo disposto a ajudá-lo, os dois juntos vão a um bar tomar uma cerveja, que logo emendam com outra, e só então ele sente o corpo se acalmar? A experiência humana é mais do que aquilo que podemos inferir da atividade das células cerebrais.

A maioria das pessoas concorda que o entendimento completo sobre atividade cerebral pode explicar muitos fatores relacionados a drogas e adição, mas, ao mesmo tempo, resta o ceticismo diante da redução do fenômeno a um mero caso de neuroadaptação. Alguns filósofos, por exemplo, sustentarão que essa abordagem ignora algo que distingue os humanos de outras espécies animais, a saber: que também somos senhores ativos das escolhas que fazemos, que influenciamos e somos influenciados por nossas circunstâncias. Não somos apenas manifestações passivas de mecanismos patológicos,[41] nem somos as cobaias nas quais várias pesquisas sobre o cérebro se baseiam. É verdade que há pensamentos obsessivos e compulsivos em humanos, mas ir à cozinha pela quinta vez para verificar se a lâmpada ficou ligada ou se a porta da frente está trancada sempre será uma questão de escolha. Ninguém é "manipulado" pelo cérebro sem a possibilidade de influenciar essa manipulação. Os psicólogos também estudam essa questão. Os processos mentais mais relevantes para eles, tanto em pesquisas quanto na terapia de pacientes, têm outras características que não apenas os mecanismos neurais que os desencadeiam.[42] Isso vale, por exemplo, para processos como a nossa capacidade de autorregulação — é possível, ao menos teoricamente, ligá-la e desligá-la acionando-se certos mecanismos neurais? E o que dizer da baixa autoestima?

Contudo, o mais importante nesse contexto em que a palavra *significado* tem um papel central é o seguinte: a dependência também é uma palavra, uma classificação que afeta as pessoas e é influenciada por elas. A adição é o que o filósofo da ciência Ian Hacking chamaria de "coisa" *interativa*, em oposição a uma "coisa" *indiferente*.[43] Coisas e fenômenos interativos estão sujeitos ao processo de construção do significado; não são, portanto, inalterados pelas reações do meio em que se inserem. Quem é diagnosticado como dependente também é afetado por esse diagnóstico. Se alguém descobre que padece de uma doença crônica, passa a viver uma vida diferente da que havia imaginado anteriormente. Um viciado em heroína terá uma dependência diferente dos adictos por nicotina, por exemplo. Tanto sua autopercepção quanto seu status na sociedade serão outros, pois um heroinômano causa e enfrenta reações sociais completamente diferentes das de um fumante. A imagem de uma pessoa deitada na rua com uma seringa enfiada no braço afeta a percepção das outras sobre o vício em heroína, o que, por sua vez, acaba tendo repercussões sobre aquela pessoa deitada ali, o viciado.

A dependência também tem um elemento de indiferença, que ocorre a despeito das palavras que usemos e do significado que lhes atribuímos. É inevitável que o corpo desenvolva uma tolerância para uma substância consumida intensamente ao longo do tempo e ponha em marcha uma reação de abstinência caso o suprimento constante dessa substância cessar abruptamente. A intensidade dessa abstinência varia bastante, tanto de pessoa a pessoa como entre drogas diferentes, mas certos processos são inerentes à natureza humana. Dessa forma, ratos e outros animais também podem desenvolver dependência num sentido indiferente. Também se comportarão de uma maneira compulsiva e mecânica quando tiverem acesso às drogas e também desenvolverão vias neurais típicas da adição, mas para as cobaias isso é indiferente. Elas não têm nada a dizer a respeito de eventuais juízos de valor sobre a dependência. Não dão a mínima, não têm sequer essa capacidade. Para os humanos, por outro lado, o modo como a dependência é percebida pelo mundo que os cerca é um fator determinante.

Qualquer tentativa de abarcar tudo numa só explicação resvala no reducionismo. O vício tem a ver com predisposições genéticas, traços psicológicos e mecanismos neurais, e diz algo sobre as interações que as pessoas têm com seu entorno. Uma grande parte dessa complexidade diz respeito a aspectos do ser humano diante dos quais o indivíduo é impotente. Alguns vêm ao mundo com uma predisposição genética que os torna vulneráveis ao vício. Não que haja um único gene causador da dependência, mas as pesquisas são inequívocas ao constatar, por exemplo, que a adição em álcool tem um forte componente hereditário. Algumas pessoas, em função da genética que têm, podem ser tornar alcoolistas e adictas com mais facilidade. Isso pode explicar por que alguns podem consumir drogas — durante muito tempo e em quantidades expressivas — sem perder o controle, enquanto para outros essa perda se dá quase instantaneamente. Nosso perfil psicológico também é, em grande medida, algo que evolui sem que se possa fazer muito a respeito. Alguns traços de personalidade são inatos, outros se desenvolvem na primeira infância, e depois disso caberá ao próprio indivíduo aprender a lidar com o que tem. Na idade adulta, será possível, até certo ponto, ajustar sua impulsividade, mas alguns sempre serão mais suscetíveis e, se for este o seu caso, a probabilidade de desenvolver dependência é maior. O mesmo vale para quem carrega um trauma decorrente de algum abuso ou de outras formas de negligência. É claro que é possível se viciar em drogas sem ter sofrido trauma algum, mas as chances aumentam drasticamente para crianças que tiveram o infortúnio de viver uma infância desastrosa. Alguns, portanto, estão mais predispostos do que outros a desenvolver algum tipo de dependência.

    Fundamental para compreender a dependência como uma espécie de automedicação é ter em mente que as pessoas provêm de origens (sociais, culturais, étnicas, econômicas etc.) as mais diversas. O psiquiatra armênio-estadunidense Edward Khantzians é conhecido por adotar essa perspectiva em sua prática clínica.[44] Nas anamneses com novos pacientes, sempre inicia a conversa com a seguinte pergunta: o que a droga está fazendo por você? A resposta costuma ser: me acalma e afasta de mim sentimentos dolorosos e difíceis. Esses efeitos ajudam a esclarecer por que muitas pessoas que desenvolvem dependência também são portadoras de uma série de transtornos mentais. A droga é consumida também como forma de lidar com os males associados ao transtorno.

    Tendo esse cenário como pano de fundo, procuro compreender os motivos pelos quais o alcoólatra está perfeitamente asseado numa mesa de bar enquanto o viciado em heroína rasteja imundo pelas sarjetas, e o significado disso tanto para a pessoa em questão como para seu entorno. Não é exclusivamente uma consequência das diferenças genéticas, psicológicas ou neurobiológicas, nem determinado unicamente pelos efeitos das drogas em questão. Tem a ver com circunstâncias sociais, culturais e políticas.

Essas circunstâncias definem a estrutura e apontam as diretrizes para a formação de uma identidade. É possível examinar mais de perto como isso ocorre frequentando bares pela manhã.

Desjejum líquido

Durante três anos e meio, passei manhãs seguidas em bares que abrem as portas logo cedo. Na acelerada e fluida sociedade contemporânea, esses locais surgem como pequenas ilhas de calmaria. Não acontece muita coisa, ninguém parece estar com pressa para ir a algum lugar, são apenas pessoas sentadas diante da vidraça, muitas vezes sozinhas, enquanto a multidão lá fora segue seu ritmo alucinado. São refúgios que se destacam por serem tranquilos e sossegados.

O simples fato de estar num bar de manhã já comunica algo. Quem passa ao largo supõe que está testemunhando o alcoolismo na prática. É o significado imediato atribuído à situação, pois beber de manhã transmite uma mensagem importante, cruza uma fronteira intrinsecamente associada ao tempo. Se aquela situação ocorresse oito ou dez horas mais tarde, ninguém daria a mínima. É apenas o horário que foge ao padrão, mas o tempo também é uma dimensão crucial para a maneira como interpretamos as situações.[45] Dois aspectos do tempo em particular são centrais neste contexto. Um deles é a sincronia. Em sociedade, as pessoas fazem mais ou menos a mesma coisa simultaneamente — existe uma hora para o trabalho, uma hora para o lazer, uma hora para as refeições... e uma hora para beber. Os bares urbanos não têm um movimento diário tão intenso, mas atingem um pico à noite, sobretudo nos finais de semana. As pessoas estão bastante sincronizadas quando o assunto é a bebida. O segundo aspecto é que o tempo é percebido sequencialmente. Isso remete a regras culturais para o antes e o depois. Quando se trata de álcool, por exemplo, o consumo geralmente ocorre depois do trabalho ou depois que as crianças estão dormindo. A cerveja às oito horas de uma típica manhã de terça-feira rompe com essas estruturas temporais.

    Essa violação resulta numa associação quase instantânea com o alcoolismo. É importante destacar, porém, que alcoólatras podem ser muitos, como eu mesmo pude aprender frequentando esses bares de manhã.

O bom alcoólatra

São nove da manhã e estou sentado com Espen e um outro sujeito que nunca tinha visto antes. Estamos bebendo cerveja. O desconhecido pergunta o que vim fazer ali. Explico meu projeto, digo que estou visitando este e outros bares que abrem de manhã cedo e quero escrever a respeito. "Tá falando sério?", diz ele rindo. Faço que sim com a cabeça e sorrio de volta. Ele rapidamente emenda: "Eu admito logo que sou alcoólatra". "Ah, é?", diz Espen. "Sim, mas sou o tipo de alcoólatra que funciona bem."

Esse sujeito confirma que não vê problemas em tomar um drinque de manhã. Ele "reconhece" sua condição de alcoólatra, mas não sem ressalvas. O importante para ele é enfatizar que se trata de um alcoólatra *funcional*.

A escritora Siri Hustvedt observa que doenças são condições físicas que *pertencem* ao indivíduo.[46] Você *tem* enxaquecas, gripe e osteoporose, numa formulação que sugere se tratar de algo externo, um ser estranho, que invadiu o corpo. Até mesmo o câncer, um descontrole que acomete as próprias células, é uma condição *adquirida*, que invadiu o corpo dissimuladamente. No caso de condições neurológicas e psicológicas, é diferente. O portador delas *está* deprimido ou é esquizofrênico ou bipolar. Assim como é dependente. O verbo denota a identificação entre o self e a condição patológica em questão. Para alguém adicto em drogas, há uma identificação plena. Ninguém *tem* um vício: a pessoa é viciada.

Dito de outro modo, existe uma ligação muito mais estreita entre o vício e a identidade do que entre uma enxaqueca e a identidade. A dependência ocupa o espaço disponível para o indivíduo moldar sua própria experiência de ser. É comum imaginar a identidade como algo elástico, mas parte dela é imutável. A palavra deriva do latim *"idem"*, que significa "o mesmo", mas na interação do homem com o meio a identidade não é uma unidade estática nem única. As identidades são formadas e expressas de acordo com as situações com as quais interagimos. Nas drogas mais comuns, aquelas às quais a maioria das pessoas recorrem, conhecer os limites da própria identidade é um fator significativo — nosso eu plástico pode se desdobrar. Porém, esse desdobramento fica limitado quando essa fuga se torna pré-requisito para suportar a vida, quando a própria droga é ensombrecida pela dependência. É justamente em situações assim que é importante criar nuances, abrir espaços de significado pelos quais possamos navegar.

Um homem na casa dos sessenta anos, que não era um frequentador dos mais assíduos, fez a seguinte ponderação:

Existem vários níveis de alcoolismo, sabia? No mais baixo as pessoas não saem de casa, ficam lá bebendo e terminam bebendo até morrer. Depois vêm aqueles que batem ponto no bar de manhã. De certa forma, estão num patamar superior aos que ficam em casa. E depois vêm aqueles — e provavelmente estou nesta categoria — que de vez em quando saem de manhã para beber. Não é verdade? Não sou alcoólatra, só às vezes.

Para dar sentido a algo é preciso diferenciá-lo de todo o resto. Coisas que são assemelhadas devem ser diferenciadas para produzir nuances que alteram o significado na direção desejada. O objetivo desse bebedor matinal é identificar os limites a que ele, com suas ações, precisará se ater. Não é alguém que passa o tempo em casa bebendo, mas é alguém que vai ao bar todos os dias. Ele tem sua fase e depois sai dela, é temporário. Ele reconhece sua identidade de alcoólatra ocasional, mas não se considera um alcoólatra como os demais, e assim tenta estabelecer uma hierarquia de identidades alcoólicas.

Há quem argumente que hierarquias remetem a processos sociais profundamente enraizados na natureza humana. A explicação evolucionária é que nós, como seres biológicos, devemos nos afirmar como somos para encontrar um parceiro. Nossos atributos são percebidos como melhores e passam a ser cobiçados, num mecanismo de ascensão social que é bem conhecido. Isso também corrobora o clássico de Pierre Bourdieu, *A distinção*, livro em que o sociólogo mostra como o capital cultural é usado nesse jogo social.[47] Não chega a surpreender que estratégias semelhantes sejam utilizadas por bebedores matinais num bar. Existe também um conceito à parte para definir esse mecanismo em grupos estigmatizados chamado "alteridade defensiva",[48] estratégia que consiste em se declarar membro desse grupo e, ao mesmo tempo, procurar se distanciar de seus integrantes apontando neles características que não reconhece em si próprio. No caso do alcoólatra em questão, essa característica era ter um certo grau de comedimento, ao contrário de outros que perderam o autocontrole e não conseguem parar de beber.

Quando comecei a frequentar os bares matinais em Oslo, não me dava conta de que eram muito diferentes uns dos outros. Todos abriam suas portas às oito ou nove da manhã, mas para certos frequentadores havia um abismo de significados separando estabelecimentos localizados a poucos passos de distância. Um deles era frequentado por trabalhadores, ou por pessoas que ainda tinham um emprego, enquanto o outro era destinado aos "casos perdidos" — isso de acordo com os trabalhadores, é claro. Os próprios garçons, preocupados em manter alguma dignidade, compartilhavam dessa opinião e se referiam ao concorrente com termos como "espelunca". Porém, quando esse bar estava temporariamente fechado, a clientela migrava para o estabelecimento vizinho. Um dos frequentadores percebeu isso e comentou com o garçom: *Ele veio lá do outro bar, não foi? Aqueles macacos ali também*, replicou o garçom apontando para um grupo sentado nas mesas externas (para fins de clareza, o termo "macaco" neste caso não tinha conotações racistas).

Os tais bebiam cerveja enquanto conversavam sobre seu vício e sobre a melhor maneira de carregar latas de cerveja nas mochilas. Uma das estratégias mais prevalentes de demonstrar uma dignidade alcoólatra era controlando a quantidade da bebida consumida.

"Bebedeira não, brisa"

Não sou alcoólatra, disse Olav arrastando uma cadeira para sentar ao meu lado. Com cerca de sessenta anos, vinha do norte da Noruega, tinha tatuagens esmaecidas, cicatrizes pelo corpo e uma voz áspera, e sua figura lembrava a de alguém que tivesse passado uma noite de inverno ao relento. Olav tinha posto um limite na bebedeira. Na noite anterior, esteve na casa de um amigo depois do bar, apenas para beberem e ouvirem música. Quando se encontraram novamente no pub no dia seguinte, o amigo não se lembrava de nada. Olav não queria mais ter esse tipo de experiência — *Nunca mais quero encher a cara e ficar daquele jeito outra vez*. Agora, tudo que queria era tomar sua cervejinha sossegado no bar, e depois uma ou outra dose em casa, de preferência de algum destilado. Um pilequinho todo dia, mas nada de porres homéricos novamente.

Outro bebedor matinal, Erik, me contou de um conhecido que abastecia a adega com vinho assim que recebia o dinheiro do seguro social. Já Erik, não. Passava longe do vinho, que o embriagava muito rápido, e por isso preferia a cerveja, medindo escrupulosamente a quantidade da bebida que ingeria ainda de manhã. Recebia o pagamento do seguro social às quartas-feiras, ia ao bar de costume e tomava sua cerveja em paz, sempre acompanhada por uma caneca de café, uma combinação que, segundo ele, o impedia de se embriagar: *Um anula o outro*, explicou. Qualquer farmacologista que se preze não assinaria um atestado de que a cafeína realmente reduz a intoxicação por álcool, mas não é o que importa neste contexto. O objetivo, e possivelmente a experiência subjetiva, era reduzir os efeitos do álcool. Beber de manhã, sim, mas embriagar-se até perder os sentidos não era do seu feitio.

    Certa manhã, presenciei uma rodinha de homens conversando ao redor de uma mesa. O clima era de tranquilidade, a conversa era descontraída. Um deles disse: *Está muito agradável aqui hoje de manhã. Tudo calmo, sem confusão, só gente boa.* Ele estava acompanhado do cachorro e detalhou sua rotina matinal: *Caminho bastante com o cachorro, depois tomo duas cervejas aqui e volto para casa. Ninguém fica bêbado com duas cervejas, sente só uma brisa. E aí é hora de parar.* Esse é o tipo de limite que muitos querem se impor. Nem sempre se restringindo a duas cervejas apenas, mas ao nível de embriaguez que esse volume* de bebida geralmente ocasiona. Outro frequentador habitual, que costumava passar as primeiras horas da manhã no bar bebendo cerveja e lendo jornais, gabava-se da garçonete que fazia questão de manter o ambiente tranquilo: *Aqui não faz barulho. A Ragnhild exige disciplina e não pensa duas vezes antes de jogar gente bêbada pela porta afora.*

    Bons bebedores matinais exercem um certo controle sobre o que bebem. Gostam de beber e vão ao encontro da bebida, mas respeitam os próprios limites.

---

* N.T.: Na Noruega, ao menos no que se refere à produção local, os bares e boa parte dos restaurantes costumam servir a bebida que no Brasil se conhece como chope, em copos de meio litro, extraída diretamente de barris. É mais comum encontrar cerveja enlatada e engarrafada em supermercados e lojas.

Domingo sem álcool

Numa manhã de segunda-feira, uma mulher estava sentada sozinha admirando uma cerveja com um olhar perdido. Devia ter uns cinquenta anos e parecia ter entrado ali apenas para isso. Um homem surgiu pela porta, avistou a mulher que, aparentemente, conhecia e a abordou: *E aí, como foi o porre de domingo?*, quis saber ele. *Não bebi nada ontem,* ela respondeu, *foi meu dia sem álcool.*
    Fazer uma pausa na bebida não era conversa rara nos bares matinais. Fossem dias, semanas ou meses de abstemia, era uma conduta rapidamente comunicada por quem a adotasse. Trata-se de um tipo de discurso muito específico neste contexto. É um projeto que pode muito bem calhar de ser dito à mesa do almoço em alguns locais de trabalho — por exemplo, próximo ao ano-novo, quando a neve de janeiro deixa a paisagem lá fora coberta de branco —, mas orgulhar-se de um dia ou uma semana de sobriedade indica que o convívio com o álcool anda trazendo problemas. Entre os bebedores matinais, contudo, o significado é diferente. A pura presença da cerveja ali fala por si e faz com que as pausas abstêmias sejam mencionadas com orgulho e não com vergonha. Para quem excesso de álcool não configura exatamente uma surpresa, ter condições de fazer essas pausas é um bom sinal.

Isso vale também para aqueles que são internados para desintoxicação. Antes, porém, é preciso avaliar que tipo internação é a mais adequada, analisar os aspectos positivos e outros nem tanto assim de uma instituição ou outra. Muitos têm passagens por várias delas. Nos dias mais críticos, é preciso recorrer ao Antabus [dissulfiram]. Foi o que manteve Gunnar de pé durante longos períodos. Mesmo assim, ele começava os dias no bar, mas com uma caneca de café. Gunnar tomava o medicamento porque não conseguia fazer nada pelo resto do dia se caísse na tentação de tomar a primeira cerveja. Certo dia, lhe perguntei como iam as coisas no emprego de meio período onde estava trabalhando após duas semanas de Antabus. Ele me disse que iam bem — A primeira semana é difícil, mas depois melhora. Depois de dois ou três meses, fica difícil de novo, porque a ansiedade volta. Outras pessoas vieram participar da conversa. Um disse que não se dava bem com o Antabus. Outro disse que às vezes o tomava às segundas e terças-feiras, e, como o remédio deixa de fazer efeito depois de dois ou três dias, ele podia beber às sextas.

Um "bom" alcoólatra não se embebeda, pelo menos não no raiar do dia: bebe somente a quantidade de que precisa. Também consegue fazer algumas pausas de quando em vez, ainda que por um dia que seja. Por mais paradoxal que possa parecer, é uma demonstração de controle. Ora, o alcoolismo e outras formas de dependência não são justamente uma perda de controle? Sim, de certa forma, mas na prática não é uma questão de ou uma coisa ou outra, controle absoluto ou descontrole total. A ideia do bom alcoólatra sugere que não se trata de perder o controle *ou* o livre-arbítrio, mas de não desgrudar as mãos do volante *apesar* da fissura pelo álcool. Trata-se de criar uma identidade na qual se possa ter alguma forma de ingerência sobre o vício. É você quem consome o álcool ou o álcool que o consome?

É assim que os bares matinais se convertem em locais que viabilizam a criação de identidades alcoólicas dignas. Os lugares são aconchegantes e limpos, o freguês paga por drogas tributadas e toma parte num tipo muito corriqueiro de interação social. Além disso, tem condições de dimensionar a própria embriaguez. Duas cervejas dão conta do recado e têm o mesmo efeito de um dia para o outro. Já para o dependente de heroína, entretanto, a história é diferente.

Heroína para sobreviver

Enquanto a porta do bar se abre para quem quer tomar uma cerveja, a polícia ronda a cidade interditando ruas para impedir o acesso de usuários de heroína. Se a polícia norueguesa suspeitar que alguém pretende comprar uma droga ilegal, pode impedir seu acesso a uma determinada área pelas próximas 24 horas. Quem insistir é multado. Se já estiver de posse dela e a polícia a encontrar, a droga será apreendida e o portador será detido. Em outras palavras, a sociedade abre os braços para quem bebe álcool e rejeita aqueles que usam heroína. É uma estratégia social intencional que vem sendo adotada há mais de meio século.

Há alguns anos, o artista Lars Sandås publicou um livro chamado *Narkoatlas* [*Atlas dos narcóticos*],[49] um detalhamento gráfico e escrito de como o tráfico foi sendo deslocado de áreas no coração de Oslo pelos últimos cinquenta anos. Tudo começou com ações policiais contra os maconheiros do Slottsparken, o parque anexo ao castelo real, na segunda metade da década de 1960, com ações mais frequentes e extensas à medida que drogas mais pesadas como heroína e anfetaminas foram se popularizando naquela região, no início da década de 1970. Ao longo dos anos 1980, esse público transitou pela rua Karl Johan, pela área em torno da Catedral e da praça Egertorget, até finalmente, em fins da década de 1990, se fixar na orla do fiorde contígua à estação ferroviária Oslo S. Essa área passou a ser conhecida como "Plata". As batidas policiais se intensificaram, e os traficantes e adictos migraram para as ruas transversais da Karl Johan, especialmente a Skippergata, e em seguida voltaram a descer na direção da Plata novamente. Por fim, a Plata foi se livrando das drogas que agora se concentram na Brugata, a poucas quadras de distância.

Sem dúvida existem boas razões para intervir numa feira livre de drogas realizada numa área central da cidade. A questão, porém, é o que fazer com um grande contingente de pessoas que se viciaram em heroína e agora são enxotadas de um lugar para outro. Como lidar com aquilo que são e com o potencial que representam?

As consequências concretas para elas são a punição e a remoção. A diferença entre punição e remoção é que, no primeiro caso, houve uma infração legal, por exemplo, pelo consumo de heroína ou outras drogas. No próximo capítulo, examinaremos mais de perto o emprego extensivo de penalidades contra as drogas. A remoção, por outro lado, é uma antecipação que a polícia faz dando como certo que alguém cometerá um crime. O suspeito ainda não fez nada de errado, mas a polícia acha que fará e por isso o obriga a sair dali. Está claro para as autoridades quem ele é e a qual grupo pertence: pelo que conhecem dele e da sua passagem por ali, consideram a chance de ocorrer um crime tão alta que decidem bani-lo da área pelas próximas 24 horas. Que eu saiba, não há estatísticas disponíveis de quantas remoções já ocorreram até hoje, mas em 2016 a NRK relatou cerca de 37 mil casos apenas em Oslo nos cinco anos anteriores, e 48 milhões de coroas em multas para os infratores.[50] Em Bergen, segunda maior cidade da Noruega, o mercado de Nygårdsparken foi fechado em 2014 e, no ano seguinte, a polícia fez 1.800 remoções de suspeitos.[51]

São muitos os aspectos que transformam o cotidiano de um viciado em heroína num verdadeiro inferno. A questão habitacional, por exemplo, é tão precária quanto instável. Há alguns anos, uma pesquisa indicou que três em cada cinco pessoas em situação de rua são usuários de drogas.[52] A situação sanitária também é péssima, com alta incidência de hepatite, abscessos, infecções generalizadas, gânglios, coágulos, esteatoses, sarna e piolhos, para não mencionar os danos graves à saúde bucal. Como se não bastasse, o déficit nutricional também é importante, resultando num indivíduo mais suscetível a infecções e com a capacidade de recuperação do corpo comprometida. Além disso, há a situação de extrema pobreza.[53] Batidas policiais, multas e remoções forçadas não aliviam o quadro. Nas mesmas áreas centrais de onde são expulsos estão localizados vários dos equipamentos e serviços sociais de que precisam.

No caso do álcool, há uma enorme distância entre a sarjeta e os bares que abrem pela manhã, o que não implica dizer que seja fácil acordar e sentir uma necessidade imediata de beber. Mais fácil, sim, é ir ao bar quentinho num dia frio de inverno, dar um tapinha nas costas do garçom, perguntar como vão as coisas e degustar uma cerveja, mesmo pagando salgadas cinquenta coroas* por meio litro. É certamente mais fácil do que ir aonde quer que esteja o mercado de drogas na rua, fazer contato com algum vendedor de confiança, aceitar incondicionalmente o preço que ele determina e desembolsar duzentas, talvez trezentas coroas para receber em troca algo que não se sabe exatamente o que é, arriscar a vida e esperar que o produto cumpra seu papel. A possibilidade de manter sua identidade de viciado em heroína de maneira digna é consideravelmente mais desafiadora do que para o alcoólatra. Se os efeitos da droga no longo prazo podem ser considerados

---

* N.T.: Durante a tradução deste livro, a coroa norueguesa valia cerca de sessenta centavos de real.

uma forma de automedicação, o abismo entre o alcoólatra no bar matinal e o heroinômano na rua fica ainda maior. De acordo com o psiquiatra Khantzian, a escolha de uma droga, antes de mais nada, é um ato de pragmatismo.[54] As pessoas experimentam e encontram a substância que surte o melhor efeito nelas, aquela que temporariamente elimina ou alivia sentimentos com os quais têm dificuldades de lidar. Para essas pessoas, descobrir que sua droga favorita é a heroína é, na melhor das hipóteses, um sofrimento. Está bem documentado em pesquisas que boa parte dos usuários de drogas injetáveis passaram por traumas na infância. A proporção de vítimas de abuso físico e mental e abandono parental é muito maior entre usuários de drogas injetáveis do que na população em geral.[55] Qualquer um que tenha convivido com indivíduos desse grupo pode fornecer evidências empíricas disso. Certo dia, quando estava no plantão no abrigo de dependentes, ouvi de passagem a seguinte conversa: "Sabe como é, aconteceu quando meu pai não estava bebendo, nem batendo, nem estuprando minha mãe", disse um. "Ah, que bom", comentou o outro. Uma rotina de tanta brutalidade por vezes acaba parecendo uma coisa normal.

Experiências traumáticas podem agravar a sensação de solidão. Algo errado aconteceu, algumas pessoas falharam no seu papel e a vítima terá que suportar tudo sozinha, ninguém mais poderá ajudá-la. A droga lhe permite encontrar a companhia e a segurança que nunca teve.

O irmão álcool

O escritor norueguês Jens Bjørneboe (1920-1976) bebia muito. No ano em que morreu, compôs um poema despedindo-se do vício.[56] Dirigindo-se à bebida, escreveu: *Ao longo de tantos anos me ajudaste a manter o juízo e o coração pulsando... Por muito tempo era só contigo que eu podia conversar.*

Como num ritual, ele relata assim a última vez que bebeu uma garrafa de vinho tinto:

Em reverência e gratidão, te digo adeus,
Pensei em tudo que me deste
de dor e alívio,
alegria e tristeza.

Não só vieste comigo
aonde outros não vieram,
como também me evitaste
um tromboembolismo.
...
Adeus, irmão Álcool,
e obrigado por tudo!

A despedida de Jens Bjørneboe ao álcool é um adeus emocionado. Não há amargura nem culpa. A hora chegou e eles se separam como amigos.

Na Noruega, quando se quer adjetivá-lo, diz-se que "o álcool é rei". É ele quem manda. Para se libertar dele é preciso se rebelar. No caso de Bjørneboe, foi diferente. Para ele, o álcool não era um monarca absolutista que exercia o poder ditando o controle de tudo. A relação que tinham era de igual para igual, a bebida não era um soberano para reverenciar, mas um ombro amigo, o "irmão Álcool".

Muitas das pessoas que pararam de beber provavelmente não tiveram uma despedida tão pacífica, harmoniosa e agradecida como a do poeta. Naturalmente, ele também poderia escrever uma despedida carregado de remorso, maldizendo o álcool pelo enorme espaço que ocupou em sua vida. A despeito disso, o poema mostra uma faceta da embriaguez que não pode ser ignorada: a bebida pode ser um instrumento de ajuda e apoio, que cumpre o papel de um amigo ou irmão. A embriaguez ajudou Bjørneboe a superar o isolamento, *foi minha única companheira*, como chegou a escrever. E, no momento da despedida, ele seguiu em frente sozinho, *em completa solidão*.

Não surpreende que haja uma conexão entre as duas coisas. Pesquisas mostram que a solidão é um fator que contribui tanto para a gênese como para a manutenção do alcoolismo.[57] Isso significa que a solidão o aproxima da garrafa e o mantêm preso a ela. Vejamos mais amiúde o que é a solidão e como ela está relacionada às drogas.

O que é a solidão

De certa forma, o ser humano está completamente sozinho. Ninguém mais tem a dimensão do que significa exatamente ser "eu". Alguns podem ser muito próximos, como minha esposa, minha família e amigos íntimos, mas não importa o quanto eu me abra, diga e mostre, sempre haverá em mim um território inexpugnável. O self não é acessível a ninguém a não ser ao próprio indivíduo. Existe um termo para designar essa faceta da existência humana, *solus ipse* — *o eu sozinho*.

A solidão é, portanto, uma condição intrínseca aos humanos, mas não se deve entendê-la neste contexto como sinônimo de estar desacompanhado. Isolar-se dos outros pode ser algo desejado, em muitos casos até salutar, e há até quem procure levar uma vida ensimesmada, com a qual se sente mais confortável. A mera falta de companhia não deve ser confundida com solidão. Quando se crê que o grande número de pessoas morando sozinhas implica um aumento da solidão, perde-se de vista que o mecanismo da solidão não é realmente afetado nesse processo, por mais que haja alguma correlação. Estudos mostram que a solidão é um pouco mais prevalente entre solteiros do que entre casados, mas não identificam uma relação causal. Todas as pessoas que vivem um casamento infeliz talvez possam atestar que o matrimônio em si de pouco adianta. Não se trata de isolamento social real, mas sim de um isolamento social percebido.

Em todos os casos, a solidão é dolorosa, e por uma razão. A dor é essencial para cuidar de si mesmo. Se você não tiver a sinalização da dor ao se cortar com uma faca, quebrar um osso ou colocar a mão numa assadeira quente, suas chances de morrer aumentarão dramaticamente. Existe até uma neuropatia associada à falta desse sistema de sinalização — insensibilidade congênita à dor ou analgesia congênita. É uma doença trágica, mas felizmente rara, com algumas centenas de casos em todo o mundo. Sua expectativa de vida raramente ultrapassa os três anos de idade. A capacidade de sentir a dor física é essencial para a sobrevivência.

Da mesma forma, é essencial que sejamos notificados quando os laços sociais são fragilizados. Os humanos dependemos basicamente de outros humanos para sobreviver. Crianças pequenas não choram somente quando a fome aperta, mas também quando a mãe, o pai ou outros cuidadores não estão à vista, ou ao menos quando têm dúvidas se estão por perto. Uma vez largados à própria sorte, os bebês não têm chances. Essa dor social tem muito em comum com a dor física. Imagens do cérebro mostram que as regiões ativadas por uma fratura de braço, uma pancada no rosto ou um dedinho preso no batente da porta são as mesmas ativadas pela experiência de isolamento social. Além disso, essa dor desencadeia um efeito dominó fisiológico. Faz subir a pressão arterial e o nível das moléculas de estresse, mobilizando o sistema nervoso simpático, mecanismo que nos prepara para lidar com as crises e nos ajuda a decidir se vamos fugir ou lutar.

Em outras palavras, a solidão nos coloca em alerta, segundo afirma o norte-americano John Cacioppo,[58] especialista no assunto, para quem a solidão também tem uma explicação evolucionária. Os sentimentos de estresse e ansiedade que a solidão desperta sinalizam que os vínculos com os outros se tornaram muito fracos. Para transmitir os genes, é importante não ficar completamente isolado — eis aqui o impulso evolutivo em ação. Sendo assim, a solidão pode ser um gatilho para controlar a situação, tomar uma atitude diante da perda de contato com os outros — que, se for malsucedida, agrava o risco de um estado crônico de solidão. Além do aumento da pressão arterial e do estresse, com o passar do tempo até o sistema imunológico estará debilitado. Estudos mostram que a solidão aumenta em 20% o risco de morte prematura.[59] A solidão, portanto, não é apenas um sentimento ruim em si, mas tem graves consequências fisiológicas. Não é por acaso que é apontada como um dos maiores problemas de saúde pública da atualidade. Bent Høie, atual ministro da Saúde norueguês, chegou a declarar que a solidão é tão nociva quanto o tabaco.[60] Se as drogas mitigam a sensação de estar sozinho, não é de admirar que as pessoas tanto recorram a elas.

A droga é um irmão

O "irmão Álcool" de Bjørneboe não é apenas um maneirismo literário. A pesquisa sobre alcoolismo embasa essa mesma metáfora. Durante seis anos, o sociólogo norte-americano Norman Denzin estudou o self alcoólatra[61] participando como observador de reuniões de AA numa cidade dos Estados Unidos. A perspectiva de Denzin é fenomenológica, ou seja, procura mapear as experiências íntimas do alcoolismo. Ele menciona um *self cindido* com quem o alcoólatra trava conversas interiores. Quando o consumo de álcool é tal que invade o território do vício, esse parceiro de conversas assume um protagonismo diante do self, tornando-se um interlocutor tão assíduo que adquire uma personalidade à parte. Daí o irmão de que fala Bjørneboe.

Soa um tanto abstrato falar de uma voz interior e de um self cindido? Tenho uma memória muito presente de uma das primeiras vezes que fiquei realmente embriagado. Entrei no banheiro, tentando manter o equilíbrio, sorrindo e falando com meu reflexo no espelho. Não me lembro dos detalhes do que disse a mim mesmo, e provavelmente não era nada profundo nem importante. Mas a experiência em si foi tão nova e marcante que a trago comigo até hoje. Foi uma conversa comigo mesmo e ficou gravada na memória porque interagi com minha própria imagem. Ao mesmo tempo, era um pedaço de mim que até então desconhecia. Mais tarde, experimentei que "conversar" com a droga pode também significar uma forma transgressão de algo que estou constantemente procurando. Entro em contato com uma faceta minha que não está disponível quando estou sóbrio. No entanto, raramente acontece diante do espelho, nem saem palavras da minha boca. Meu eu inebriado surge na minha vida cognitiva e emocional. É como se "ele" me fizesse uma visita.

E o que acontece quando esse visitante tem algo que você sente que precisa, algo que, de outra forma, está faltando em sua vida? Certa vez, uma conhecida me relatou algo muito interessante sobre uma amiga. Disse que bastava a amiga estar por perto para que se sentisse segura. Acontecesse o que acontecesse, ela tinha a certeza de que a amiga a ajudaria. As duas podiam até estar interagindo com outras pessoas, mas a simples presença da outra no ambiente fazia a diferença. E se por acaso essa amiga fosse uma droga?

Um experimento chamado "Rat Park" lançou alguma luz sobre a relação entre isolamento social e consumo de drogas.[62] Consistia em dois conjuntos de gaiolas especialmente construídas para abrigar ratos de laboratório. Num deles não havia nada, exceto as gaiolas vazias com um rato em cada uma delas. O segundo tipo era um paraíso, tudo que um rato poderia desejar para si, desde brinquedos para se exercitar a comida e companhia para interagir e se acasalar. Em ambos os conjuntos, porém, havia duas garrafas de bebida, uma com água pura e outra com morfina, às quais os ratos tinham acesso 24 horas por dia. Observou-se que os ratos isolados bebiam toda a morfina que conseguiam — o que mais poderiam fazer sozinhos naquele ambiente desolador? Os sortudos no paraíso dos ratos, por sua vez, mal tocaram na droga. Estavam muito ocupados com outras coisas na companhia de outros indivíduos da espécie. Tanto o Rat Park como outras pesquisas e experiências clínicas embasam a argumentação de que o oposto do vício não é a sobriedade, mas a sociabilização.[63]

Bjørneboe encontrou um irmão no álcool, com quem podia se conectar, por quem se sentia atraído, que preenchia um vazio em seu relacionamento com outras pessoas. Eis aqui um tema recorrente para pessoas que costumam buscar as drogas. Há muito tempo a alienação, a negligência e o desamor são reconhecidos como experiências que podem dificultar a sociabilização no decorrer da vida. Com as drogas é mais simples, elas jamais decepcionam. Mesmo indivíduos sem alguma experiência traumática relevante podem encontrar uma conexão especial com alguma droga específica e sentir que só ela é capaz de preencher uma lacuna que, de outra forma, permaneceria vaga. Talvez essa pessoa não se torne dependente da droga em si, mas da solução para a solidão que ela oferece.

Uma metáfora comum para a dimensão neurobiológica do vício é que as drogas "sequestram" o cérebro e, assim, alteram os mecanismos de controle e motivação. No entanto, se o recurso às drogas se dá pela ausência de um sentimento de pertença, inclusão e companhia, libertar o cérebro da substância e restaurar os mecanismos neurais afetados deixa de ser o caso. A questão passa a ser libertar o indivíduo da solidão, e esta é uma tarefa bem diferente.

Para os habitantes do Rat Park, entretanto, foi fácil. Ratos são ótimos animais de laboratório, pois são criaturas sociais com uma série de necessidades semelhantes às dos humanos. Roedores precisam de estímulos para serem felizes: comida, sexo, companhia e diversão. A maneira como respondem a diferentes formas desses estímulos, portanto, também pode ensinar algo sobre o comportamento humano. Ao mesmo tempo, trata-se de animais menos evoluídos. Experiências traumáticas mal arranham a personalidade dos ratos, mas podem deixar sequelas duradouras em humanos. Ratos isolados e viciados em morfina rapidamente se transformaram quando foram transferidos para o paraíso. Pouco tempo depois, passaram a se comportar exatamente como os demais, exercitando-se nos brinquedos, brigando, copulando, comendo. E bebendo água, não mais morfina.

Um episódio que podemos considerar um experimento natural ensina que reviravoltas no nosso entorno também influenciam a dependência humana. Tome-se o exemplo dos combatentes norte-americanos no Vietnã. Vários deles usaram heroína quando estavam em serviço; em cerca de 20% deles, o consumo era tão frequente que foram declarados viciados. Logo, o que aconteceria quando voltassem para sua terra natal era motivo de preocupação. O vício em heroína era considerado uma condição crônica cujo prognóstico de recuperação era o pior possível. A surpresa foi grande quando 95% deles simplesmente abandonaram as picadas, a grande maioria sem nenhum tratamento auxiliar.[64] Como isso aconteceu? Secundado por outros pesquisadores, Bruce Alexander, o homem por trás do Rat Park, acredita que a analogia é decisiva: os soldados foram transferidos de uma gaiola horrível, os pântanos do Vietnã, para a gaiola a que pertenciam, com família e amigos ao redor.[65]

Era muito improvável que voltassem a vivenciar experiências traumáticas. No tratamento para dependentes químicos, é difícil implementar mudanças ambientais tão drásticas, mas mudar de ares e estabelecer contato com pessoas de apoio são fatores terapêuticos importantes. Seja como for, vale a pena se espelhar nessa experiência: caso você esteja desconectado, como no caso dos soldados no Vietnã, as drogas poderão ajudá-lo a resistir e, uma vez que você seja reconectado ao seu mundo, elas logo deixarão de ter tanta importância.

Essas perspectivas têm a ver com a forma como se percebe nas ruas os viciados em heroína e outros que parecem aprisionados nas drogas. Não é que tenham, necessariamente, perdido o autocontrole, nem que lhes falte a capacidade de se autorregular, nem que estejam tapeando a si mesmos (ou aos outros), nem que sejam moral ou intelectualmente inferiores. Talvez lhes falte simplesmente uma conexão humana, talvez se sintam desconectados e solitários, e por isso busquem ajuda nas drogas.

Alguns encontram uma espécie de meio-termo em que a droga é uma companheira, mas não a única. Ela é, sim, necessária, mas a sociabilidade é perseguida de uma maneira menos radical. Vamos dar outra volta pelos bares matinais.

Tomando as rédeas da solidão

Um dos frequentadores que conheci se descreveu como um "bêbado sazonal". Ele se manteve longe do álcool durante um bom tempo, mas entrou em crise ao sentir a vontade de beber crescendo nas últimas semanas, e desde então voltou a tomar sua cerveja matinal. Certo dia, me confidenciou: *Sabe o que faz as pessoas virem beber de manhã? Um motivo é o álcool, claro, mas ninguém aqui tem família nem filhos em casa. É a solidão que traz as pessoas para cá.* Ele sempre voltava a esse assunto, insistindo que a solidão é o que atrai as pessoas aos bares pela manhã: *A outra opção é acordar e ficar sentado no sofá diante da TV assistindo a algum enlatado ou algo assim. É muito melhor dar uma volta e procurar companhia.*

Os bares matinais de Oslo são conhecidos também por "bares marrons". Não é tão fácil definir exatamente o que é um bar marrom, mas uma das características é ter clientes habituais, alguns que chegam a se confundir com o ambiente, que se tornam uma espécie de decoração. Num deles, esses fregueses habituais eram três homens com idades que variavam entre sessenta e bem mais de oitenta anos. O grupo tinha uma mesa fixa rente à porta de entrada. Um ou dois já estavam a postos quando as portas se abriam às oito horas, e às nove já se encontravam completamente embriagados. Além deles, havia um grupo maior que entrava, se sentava a uma mesa para um rápido bate-papo e seguia para outro lugar, ou às vezes simplesmente trocava de mesa. Na primeira vez que conversei com o octogenário, perguntei se ele vinha ali com frequência. *Sim, todos os dias,* respondeu ele. *Chego às oito. Venho aqui todo dia tomar meu café da manhã. Todo dia?,* perguntei. *Sim, quase todos os dias. Acordo muito cedo, sabe? Às cinco já estou de pé.* Ele sempre bebia cerveja. Seu colega mais novo começava com uma ou duas canecas de café antes de alternar para a cerveja, e costumava chegar um pouco depois dos outros.

Na década de 1960, a antropóloga norte-americana Sherri Cavan conduziu um abrangente estudo de campo em bares de São Francisco.[66] Com efeito, os tempos eram outros, mas a tipologia que criou permanece relevante nos dias atuais. Em particular, aquilo que definiu como *"Home Territory Bar"* ["Lar no Bar"] adequa-se perfeitamente ao conceito de bares matinais como esses. Em lugares assim, frequentadores habituais se comportam como se estivessem em casa. Passam bastante tempo ali, às vezes na companhia das mesmas pessoas, mantêm uma conta aberta no bar que não têm urgência de pagar, uma vez que são bem conhecidos dos empregados e até dos donos. Podem, inclusive, ocasionalmente torcer o nariz para novos frequentadores, mas isso porque se preocupam em preservar o lugar tal como é. A simples hipótese de que aquele lugar se transforme em algo diferente ou, pior ainda, feche as portas de vez é assustadora. Numa ocasião, perguntei a um grupo de clientes assíduos o que seria deles caso o lugar tivesse que fechar. *Puxa, neste caso nem sei o que faria. Para falar a verdade, seria uma tragédia,* disse o mais velho. Os outros limitaram-se a abanar a cabeça. Não que estivessem em condições de escolher ou rejeitar muita coisa na condição em que estavam, mas o bar era tudo que tinham, um local previsível e seguro onde podiam beber sua cerveja sossegados na companhia de um grupo de pessoas que lhes eram familiares.

Todos juntos, sozinhos

Muitos dos bebedores matinais eram solitários. Registrei a seguinte nota no meu caderno: *O velhinho chega às nove horas com o jornal na mão. Vai para o lugar de costume, deixa o jornal sobre a mesa e pede uma cerveja no balcão. À vontade como sempre, cumprimenta o garçom e não diz nada além. Da hora em que chega até quando vou embora, fica sentado sem falar com ninguém. Às 10h45, já tomou sua quarta cerveja.* Esse era um padrão, daí frases como "lugar de costume" e "à vontade como sempre". Outros frequentadores tinham comportamentos mais variados. Ora até se sentavam com outras pessoas, ora ficavam a sós. Em todos os casos, o clima de manhã era de muita tranquilidade, tanto assim que comecei a duvidar que sair para tomar uma cerveja de manhã fosse realmente uma atividade social para eles. Passados alguns dias no mesmo bar, reparei no seguinte:

Dia 1: Nenhuma interação entre os frequentadores, que ficaram sentados lendo jornais ou vendo TV sem som.

Dia 2: Mesmo clima de ontem na primeira hora, todos sentados sozinhos lendo jornais ou espiando a TV que, como ontem, exibia um programa de culinária no Travel Channel.

Dia 3: Nada de interação por hoje. Todos sentados lendo jornais ou vendo TV (mesmo programa de culinária no Travel Channel).

Para que sair apenas para ficar sentado sozinho, afinal? Por que não economizam um pouco de dinheiro e vão comprar sua cerveja no supermercado em vez disso? Onde está a sociabilização? Levei um bom tempo para entender, mas nada mais diferente entre ir a um bar para estar no meio de outros e ficar em casa sozinho. É de uma obviedade tão gritante que demorei a me dar conta. É um equívoco supor que eles estão ali sentados sozinhos, nada mais longe disso. Mesmo que a interação seja mínima, mesmo que tenham pouco em comum com o outro, *algo acontece ali*. Quando alguém entra pela porta, aqueles que já estão no bar erguem a cabeça para espiar, quem sabe até o cumprimentem com um meneio de cabeça. Pedir a bebida também exige um mínimo de interação. Às vezes o garçom traz a cerveja para a mesa sem que tenha sido pedida, e recebe um agradecimento ou um sorriso em troca. Tais gestos, pequenos e sutis, são a grande diferença entre ficar em casa bebendo sozinho e ficar sozinho junto com outros, oscilando num espaço entre a solidão e a comunidade.

Será mesmo que isso pode ser considerado uma comunidade? Comunidades existem várias. Pode ser um grande *nós* (os cidadãos de um país, por exemplo), ou um pequeno *nós*, como parentes, amigos, moradores de um condomínio, a torcida de um time de futebol, um clube de leitura. Como cidadão norueguês, compartilho com meus compatriotas uma afiliação geográfica e cultural e, em certas situações, um algo a mais (os festejos do 17 de Maio, as Olimpíadas de Inverno em Lillehammer, o dia em que o Brasil perdeu de 2 × 1 da Noruega). É a dimensão simbólica que torna possível a experiência de comunidade em tais casos. Não é parentesco, proximidade ou amizade, é um universo simbólico comum de significado. *Nós* ganhamos da seleção canarinha, e só posso dizer isso porque sou um cidadão norueguês. Meu amigo dinamarquês Kenneth não pode se gabar do mesmo, mas, ao mesmo tempo, tenho mais pontos em comum com ele do que com os habitantes de qualquer ilhota na costa sudoeste da Noruega. Mesmo assim, compartilho com estes um universo do qual Kenneth não faz parte. Traçar um limite em relação aos outros é crucial para qualquer experiência comunitária. Uma comunidade implica também o conceito de estrangeiros a ela.

Para os frequentadores do bar matinal, a diferença entre "eles" e "os outros" da comunidade é óbvia. Eles bebem cerveja de manhã cedo num dia qualquer, mas fazem essa excentricidade juntos, num ambiente que não os julga. São também recebidos com atenção e cortesia, tanto por outros frequentadores como pelos empregados do bar. Gentilezas como essas têm o mesmo significado de grandes elogios e, mesmo que estejam ali sozinhos, não se sentem isolados. O desvio que compartilham os bebedores matinais permite que se identifiquem com quem estiver na mesa ao lado, mesmo que seja um desconhecido.

O psicólogo social sueco Johan Asplund (1987) criou um conceito para as forças sociais mobilizadas em tais situações.[67] Ele as chamou de responsividade social. Com isso, se refere ao instinto que as pessoas têm de *responder* umas às outras, de reagir. Essa resposta pode vir na forma de um sorriso, um olhar, um aceno de cabeça diante de uma simples aproximação, por exemplo, ou pode se manifestar na forma de palavras em perguntas diretas. O que conta é esboçar alguma forma de reação. Asplund dá mais ênfase à resposta do que àquilo que a motivou, afirmando que representa uma força motriz tão potente a ponto de que pessoas procuram ativamente essas situações apenas para que possam reagir a elas. Acredito que Asplund toca num ponto significativo. A reação de quem já está no bar à entrada de um novo cliente ao bar é algo positivo em si, mas o mais importante é que permite a ele cumprimentá-los de volta, responder. O recém-chegado não é apenas percebido, também ganha a oportunidade de olhar de volta.

Quando alguém busca a droga de que precisa na companhia de outras pessoas, a droga em si não se torna sua única companhia. Um dos fatores positivos de lugares como os bares matinais é possibilitar em seus frequentadores uma sensação de pertença e um espírito de comunidade.

Jonas

Numa fria manhã de outono de 2018, recebi a seguinte mensagem de Jonas, um dos fregueses matinais de quem fiquei mais próximo e com quem ainda mantenho contato: "Venha pro [nome do bar] às dez horas. Crise. Espero você". Estava cheio de compromissos no dia, mas Jonas nunca tinha usado aquela palavra numa mensagem antes. "Crise". Eu tinha que ir, era a primeira vez que ele me pedia algo. Respondi que chegaria às dez e quinze.

Duas semanas antes de aquela mensagem chegar, lhe enviei um recado perguntando se não queria tomar um café e me contar como estavam as coisas. Como nunca recebi resposta, presumi que ele tivesse entrado em crise novamente. Era esse o padrão. Bebia até chegar ao fundo do poço, fazia uma pausa, conseguia pôr ordem na vida e voltava ao início do ciclo. Passava dias bebendo, durante semanas e até meses a fio, e então parava e ficava sóbrio. Numa velocidade surpreendente, geralmente conseguia arrumar um novo emprego, se voluntariava para trabalhar em atividades assistenciais, praticava esportes e levava uma vida bastante normal. Jonas é um homem cheio de recursos que está em seus sessenta anos. Por recursos não me refiro a nada material, ele não é rico, mas tem formação universitária, um mestrado e uma profícua carreira como professor e diretor de escola. É inteligente, culto, sociável e extrovertido, e sempre que precisa recorre ao colchão de seguridade que a social-democracia norueguesa lhe oferece. Tem tudo para se converter numa história de sucesso, basta deixar para trás o álcool, se assim o quiser.

Ao me aproximar do bar o avistei atravessando a rua na minha direção. Assim que me viu, fez a costumeira expressão de culpa no semblante, a mesma que fazia sempre que me encontrava. Eu o cumprimentei e perguntei como estavam as coisas. Ele disse que não estava bem, talvez nunca tivesse se sentido tão mal. Entramos e encontramos uma mesa vazia no canto do bar onde poderíamos conversar sem ser incomodados.

A primeira vez que dividimos uma mesa foi em janeiro de 2012. Ele estava sentado ao lado e perguntou o que eu fazia num bar àquela hora da manhã. Chegou a rir quando lhe disse que estava escrevendo sobre pessoas que vêm a bares de manhã tomar cerveja em vez de café. Achou meu projeto curioso e interessante. Até então, estava bebendo apenas um café. Queria deixar a cerveja para mais tarde, porque quando começava não conseguia parar — *ou é oito ou oitenta, quer dizer, ou nenhuma ou dezoito, vinte cervejas*, fez questão de precisar.

Meses depois, encontrei-o por acaso numa loja de conveniência aonde entrei para sacar dinheiro no caixa eletrônico. Jonas estava falido, fora despejado do apartamento em que morava e todos os seus pertences cabiam numa sacola de viagem. Ao mesmo tempo, estava à procura de uma instituição onde pudesse se tratar. Queria agora tentar levar uma vida um pouco mais regrada, explicou, da maneira como um dia viveu. Contei-lhe um pouco do meu dia a dia e comentei que era bastante comum: mulher, filhos, levar e trazer as crianças da escola, emprego, nada de extraordinário. Ele riu e disse: *Sou solteiro, não tenho emprego nem filhos. Não tenho os pré-requisitos para viver uma vida assim.* Um psicólogo com quem se consultou disse que ele oscilava de um lado para outro, sem meio-termo. *Meu objetivo agora é encontrar esse meio-termo. Uma vida mais tranquila e mais regrada.* E isso ele até conseguiu, durante um período. Ficou longe do álcool, arrumou um lugar para morar, começou a praticar exercícios e a trabalhar como voluntário em diferentes organizações. *Consegui ficar sóbrio, agora é só continuar assim*, me disse ele certa manhã enquanto tomávamos café juntos. Quando enfim conseguiu um emprego como professor numa escola infantil, as perspectivas não pareciam ruins. Uma vida mais regrada estava se tornando realidade.

Sua nova vida sóbria lhe trazia um sentido mais profundo. *Percebo essa importância até para os meus alunos. E isso me comove. Significa que eu sou útil para eles, que faço a diferença quando vou à escola lecionar.* Para um homem dessa idade, sem companheira ou família, é fácil se sentir inútil, comentou. *Você tem uma família e provavelmente percebe todos os dias que a sua presença é importante. Exceto pelos meus alunos, não me resta muita coisa. Dessa forma, deixar de beber passa a ser uma decisão existencial, porque não consigo beber e trabalhar ao mesmo tempo, e quando bebo deixo de ter importância para os outros.*

Funcionou durante um tempo, mas o sentimento ambivalente foi aumentando. Ele disse que tinha a sensação de viver a mesma coisa dia após dia, como se estivesse preso a um padrão. *É isso que eu vou fazer da minha vida até morrer, é isso? Eu tenho essa ansiedade existencial.* Em instantes assim, a ida ao bar era um alívio: não existe agenda a cumprir, não existe qualquer outro compromisso nem obrigação que não envolvesse a bebida. Nas suas próprias palavras, *queria terminar a noite esticando numa festa depois do bar, sem nada planejado.* Ele tinha saudades da vida etílica. *Beber é divertido e está faltando alegria na minha vida.* Ao mesmo tempo, encontrar amigos no bar apenas para um café o fazia pensar na vida monótona e previsível que estava levando, e a tentação de voltar a beber voltava a pressioná-lo, mesmo diante de cenas chocantes que testemunhamos, como dois sujeitos debruçados sobre a mesa revirando os bolsos e catando moedas para tentar pagar uma cerveja.* *Que bom que não cheguei a esse ponto.*

Mesmo assim, ele acabou recaindo. As férias costumavam ser um desafio extra. Quando o reencontrei com uma cerveja na mão durante um verão longo e anormalmente quente, ele disse: *Não é um bom sinal, mas estava tão entediado. É verão, está fazendo muito calor e todo mundo veio para a rua beber. O que eu posso fazer?* Ele revelou que voltaria a trabalhar em agosto, no início do ano escolar. Reconheci a dificuldade — verão, temperaturas altas, ócio — e tentei desdramatizar a situação. Ponderei que era normal beber mais nas férias e depois sossegar quando o cotidiano passasse a ditar o ritmo. Ele sorriu e concordou, *mas comigo nem sempre é assim. A gente faz o que gosta, o que nos deixa bem, e eu sou um alcoólatra, então beber nas férias pra mim é diferente.*

Desde que conheci Jonas, esse é o padrão. Começa a beber, passa a viver para isso e então para, fica sóbrio por um tempo e volta a beber novamente. Agora, sentados ali diante da mesma mesa com uma cerveja entre nós, quase sete anos depois do nosso primeiro encontro, lhe perguntei o que havia acontecido e a resposta foi: *Nada, era só o tédio mais uma vez.*

---

* N.T.: Outra peculiaridade nos bares norugueses é que a bebida alcoólica deve ser paga *antes* de ser consumida.

O problema do tédio

Não se deve menosprezar o papel que o tédio exerce nas pessoas, quer bebam ou não, muito menos como fator de recaída de um alcoólatra. Todo mundo fica entediado às vezes, faz parte de vida. Beber como um reflexo do tédio parece uma banalização do problema, soa mais como desculpa esfarrapada do que como explicação verdadeira.

O filósofo norueguês Lars Svendsen escreveu um livro chamado *Kjedsomhetens filosofi* [*Filosofia do tédio*][68] que é de grande valia para examinar o fenômeno com mais detalhes. Svendsen distingue duas formas dele. A primeira, chamada de tédio situacional, diz respeito à experiência comum, cotidiana e genérica de enfastiamento, que pode ocorrer na sala de aula, durante uma palestra, num seminário do trabalho, numa conversa na fila do supermercado ou esperando o ônibus que se atrasou. São situações associadas a uma monotonia específica a que qualquer um está sujeito, e podem resultar numa inquietação difusa, numa sequência de bocejos, num tamborilar de dedos sobre a mesa. Há o desejo de mudar aquela situação ou escapar logo dela. Há um anseio por outra coisa, uma centelha que desperta um desejo, seja por um professor menos modorrento, seja por um trânsito sem engarrafamentos no retorno para casa, seja por qualquer outra coisa que aquele momento em particular não ofereça — uma vontade súbita de trocar aquela situação sem graça por outra mais prazerosa: passear na praia, esquiar nas montanhas ou rever amigos depois de muito tempo distante.

A segunda forma de tédio tem a ver com a ausência de ter algo para desejar. É um tédio profundo e existencial, que não está relacionado apenas a situações específicas, mas que tinge tudo em volta de cinza e vai erodindo o cerne da própria existência. Svendsen cita o filósofo alemão Arthur Schopenhauer, para quem essa forma de tédio é um "anseio monótono sem nenhum objeto em particular".[69] Não se sabe necessariamente o que é, apenas a ausência é bem percebida.

O desejo de outra coisa, ou mesmo um anseio difuso por *algo*, é, em última análise, um desejo de significado. O que há nas coisas que faço que dá sentido à vida? Quando Jonas para diante da sala e se dá conta tanto da importância que tem para seus alunos como da que eles têm para si mesmo, há uma energia sendo posta em movimento, mas essa sensação não é constante e não ocorre sem nenhum custo. Manter-se como professor diante de uma classe lhe exige que toda sua vida seja devotada a esse propósito.

Qualquer trabalho terá suas limitações, não é algo que afeta somente a Jonas, e a maioria das pessoas é capaz de se equilibrar entre dois mundos, a vida profissional e a vida pessoal. Jonas conseguiu lidar bem com isso até completar cinquenta anos, mas agora, depois de anos alternando sobriedade com bebedeira, tanto o tédio situacional como um profundo vazio existencial pareciam mais ameaçadores do que nunca. Ele perdeu de vista e não conseguia mais experimentar os benefícios de uma vida sóbria, nem em situações concretas do dia a dia (verão, sol, gente ao ar livre, bebendo e se divertindo, o que devo fazer?) nem na própria vida e aonde ela o estava conduzindo (é isso que vou fazer até morrer?). O tédio é universal, nos acomete a todos, embora em graus variados. Quem sabe a relação entre tédio e drogas também não tenha uma abrangência mais geral?

    É útil ter planos para quando o tédio bate à porta, e para muita gente isso acarretará situações nas quais as drogas estarão envolvidas. Pode ser uma noite de vinhos com a pessoa amada, o reencontro de velhos amigos na cidade, uma comemoração no trabalho ou uma noite solitária fumando uma erva e assistindo a um bom filme. Digo por mim que sou capaz de interromper totalmente o consumo de drogas durante um período, mas isso Jonas e outros adictos também conseguem fazer. Nessas horas chego a sentir arrepios — por quê, afinal? — temendo que isso um dia também aconteça comigo. Qual o sentido disso? Por que não posso tomar uma cerveja se todo mundo toma a sua? Eu também já me deixei abater por causa do tédio. Por que não posso sentir os efeitos de uma substância que me deixa mais feliz e relaxado? Que às vezes me deixa até com vontade de dançar, confesso. Acho que agora posso ter me deixado abater pelo tédio também.

    O problema de Jonas quando esse abatimento lhe sucede é que consequências costumam ser mais severas. Na pior das hipóteses, ele bebe até perder o emprego, o dinheiro e até o apartamento. Portanto, o tédio também representa uma ameaça mais grave para ele e para outras pessoas que sofrem dessa mesma maneira. Svendsen descreve o tédio como um problema sem solução final, o qual deve ser encarado como um "fato incontornável, assim como a própria gravidade da vida".[70] Jonas e outros que desenvolveram alguma forma de dependência de drogas também precisam aceitar essa realidade, mas a solução temporária que sabem que funciona bem, e é acessível a qualquer um, para eles não está mais disponível.

    O tédio parece banal e cotidiano, mas poucas coisas são mais difíceis de enfrentar quando evoluem para se transformar num problema dessa gravidade.

Viver e ser

Quando Jonas bebe, muitas vezes o faz para sobreviver, embora beba também para viver. Sua história ilustra que nem sempre há uma distinção nítida entre os dois aspectos do porquê das drogas.

As alternativas não são excludentes. Nem ele bebe *apenas* para suportar o fardo dos dias nem *apenas* para se aliviar e melhorar o bom humor, experimentar boas sensações e se sentir vivo. Pode haver elementos específicos de ambas as motivações em quaisquer dos casos. Ao mesmo tempo, é provável que quando está no fundo do poço, depois de ter bebido por um bom tempo e já sem conseguir sequer despertar de manhã, Jonas anseie por tomar uma cerveja no final do dia. É só uma cerveja que precisa ser bebida, e de preferência o mais rápido possível. É o pretexto para estar ali, encontrar outras pessoas e ver a luz do dia. Sua fisiologia e psicologia dependem disso, ele estremece por dentro e por fora, sentindo-se mais ou menos inútil até o álcool começar a fazer efeito. Quando corpo e mente encontram uma espécie de equilíbrio depois de algumas cervejas, no entanto, ele encontra uma abertura para experimentar os aspectos transcendentes da embriaguez: momentos agradáveis, boas conversas e sentimentos autênticos de amizade e pertença. Com o tempo, porém, essas experiências desaparecem, ocorrem com menos frequência e são menos intensas.

Tampouco o lado bom da bebida deixa de existir para Jonas, pelo menos não completamente nem o tempo todo. Mesmo que ocasionalmente, a possibilidade de transgredir a rotina permanece uma opção válida que lhe permite falar, pensar e sentir de uma maneira que não consegue quando está sóbrio. Apesar de toda a miséria decorrente da droga de que precisa compulsivamente para sobreviver, a embriaguez também pode lhe dar em troca algum prazer.

Mesmo para os mais vulneráveis e marginalizados, os viciados em drogas pesadas, a experiência da droga em si pode ser fruída. Não apenas porque alivia a dor, mas porque induz a bons momentos. No próximo capítulo seremos apresentados a Roar, que passou boa parte da vida envolvido com heroína, anfetaminas e tudo mais que estivesse disponível, e foi obrigado a enfrentar as duras consequências disso. Na gíria dos drogaditos na Noruega, a expressão "estar de alta", a mesma usada para pacientes que deixam o hospital, se refere ao consumo de uma quantidade de droga suficiente apenas para estabilizar a abstinência e eliminar a inquietação, de maneira a poder seguir vivo por mais um dia. Ou, nas palavras de Roar: *É quase um tabu falar nisso, mas usar droga também era muito bom de vez em quando. Por mais frio que fizesse, por mais nojento que fosse o ambiente, eu e uma amiga nos escondíamos debaixo da ponte apenas para curtir aquele barato.*

Capítulo 4

A droga proibida

Algumas são potentes, outras são suaves, algumas são revigorantes, outras acalmam, algumas agem para que o cérebro rapidamente implore por mais, enquanto noutras esse efeito é menor. Como nós, enquanto sociedade, deveríamos agir diante de tanta variação?

Nossa sociedade estabeleceu uma nítida distinção entre duas categorias de drogas, as legais e as ilegais. Drogas ilegais são também chamadas de narcóticos. Quando uma substância é assim classificada, passa a constar na chamada lista de narcóticos e ser passível de punição de acordo com a lei antidrogas. Mas o que faz uma substância se enquadrar nessa categoria?

A lista de narcóticos consiste em substâncias e plantas assim consideradas por convenções estabelecidas na ONU. Cada país possui instituições encarregadas de atualizar essa lista e pode acrescentar a ela outras substâncias por iniciativa própria, às vezes por orientação da polícia, da alfândega e de órgãos sanitários, como é o caso da Noruega. Se surgir uma nova substância relacionada diretamente a outra que já conste na lista, ela será adicionada automaticamente. Esse é o processo formal que resulta na denominação genérica de narcótico.

A palavra em si deriva do grego *narkotikos* e significa "entorpecente". É uma designação adequada para substâncias derivadas da morfina, mas tem pouco a ver com anfetaminas e ecstasy. A única semelhança que estes têm com outras drogas chamadas de narcóticos é causar alguma forma de alteração da consciência — além disso, não há nada em comum. Algumas dessas substâncias são plantas que podem ser colhidas na natureza e consumidas em grandes quantidades sem que se perceba nada de especial, outras são produzidas quimicamente com o potencial de mandá-lo para o túmulo com um micrograma a mais. O consumo de vários itens da lista é considerado legal desde que haja uma prescrição médica, e ilegal se ocorrer de qualquer outra maneira. Algumas substâncias causam dependência e intoxicação, outras não fazem nada disso. Do ponto de vista farmacológico, os narcóticos são uma categoria não científica. Não faz sentido para além da questão jurídica dividi-los assim, isto é, entre substâncias legais e ilegais.

Limites de punição

Quem quer que esteja envolvido com alguma substância da lista de narcóticos pode ser processado. Pouca gente questionará a ilegalidade da importação e da venda da maioria dessas drogas, mas a questão do consumo individual é outra coisa. Vale mesmo a pena puni-lo?

Nas democracias ocidentais, é comum haver limites à capacidade que o Estado tem de punir seus cidadãos. Permanece vigente, ao menos como ideal, a premissa de que o indivíduo deve ter o máximo de liberdade possível. Um pressuposto legal que reflete isso é o chamado "princípio do dano alheio", um conceito célebre na filosofia moral e jurídica, enunciado pela primeira vez pelo britânico John Stuart Mill em 1869.[71]

Em linhas gerais, o princípio do dano alheio diz que, contanto que um terceiro seja prejudicado por uma determindo ato, o Estado não tem o direito de usar a força para impedir alguém de fazê-lo. O Estado pode até alertar contra ela e adotar políticas que limitem sua consecução, mas não pode usar a força física para impedi-la desde que essa ação não tenha o potencial de prejudicar outras pessoas.

O princípio do dano norteou a atual política criminal norueguesa.[72] Nos preparativos para a elaboração do novo Código Penal do país, de 2005, a comissão inspirou-se nele para sugerir que o consumo de drogas fosse descriminalizado, mas o então ministro da Justiça Odd Einar Dørum rejeitou a moção. Os reais motivos nunca foram conhecidos, exceto a justificativa de que descriminalização não era oportuna.

Então o que significa "prejudicar" nesse contexto? A resposta parece óbvia. Na maioria dos casos, algo que implique roubo e danos físicos, mas é difícil imaginar como consumir uma droga da lista de narcóticos, fumar maconha, tomar MDMA ou injetar heroína em si pode prejudicar terceiros. É mais certo que tudo isso possa, sim, prejudicar o próprio usuário, como de resto várias outras condutas também. O princípio enunciado acima destina-se a proteger outras pessoas, não o perpetrador da ação. Se as drogas realmente levassem a um aumento da violência, se houvesse um nexo causal irrefutável entre consumo de drogas e comportamentos agressivos e, finalmente, se a probabilidade de terceiros serem prejudicados fosse realmente alta, o cenário seria outro. O relevante não é apenas o dano em si, mas o potencial de que outras pessoas sejam prejudicadas.

Pouca gente haverá de argumentar que o consumo de narcóticos prejudica diretamente terceiros. É mais comum que cause danos indiretos a terceiros, por exemplo. Consumir drogas em demasia indica que um pai não cuida bem dos filhos, assim como dirigir embriagado expõe outras pessoas ao risco. Não há dúvidas quanto a isso. Crianças são realmente prejudicadas por pais que consomem drogas. Dirigir embriagado mutila e mata. Contudo, se fôssemos punir tudo que causa danos indiretos deveríamos começar com o álcool. É preciso levar em conta um mínimo de probabilidade e nexo causal entre a ação e tais danos indiretos, e não é este o caso nem com a bebida nem com o consumo de outras substâncias. A grande maioria dessas ações não resulta em danos indiretos, e, sempre que houver um eventual desvio de conduta decorrente do consumo de drogas, o Estado sempre terá legítimo direito de intervir.

O princípio do dano alheio não deveria ser usado para justificar a criminalização das drogas. Ao mesmo tempo, é apenas uma questão de princípio, uma diretriz pela qual os legisladores podem se balizar, e não está enraizada em nada além de uma ideia. Há quem argumente que esse é um princípio justo, que limita o poder do Estado e salvaguarda a liberdade e a autonomia do indivíduo, mas pode haver casos em que esse princípio deve dar lugar a outras considerações igualmente importantes. Uma dessas considerações é se a punição protege ou não interesses sociais importantes. E caso a descriminalização das drogas resulte num exército de pessoas entorpecidas, distantes e erráticas? Os governantes não deveriam ter o direito de evitar essa possibilidade com as punições que fossem necessárias?

Punindo para salvar o país

Foi justamente o temor de consequências terríveis para a sociedade norueguesa o que pautou as ações contra as drogas desde a última metade do século XX. As autoridades pretendiam "arrancar o mal pela raiz, conter a epidemia", e para tanto consideravam a punição o melhor remédio. A palavra "epidemia", é bom frisar, não é invenção minha. A ideia de que o uso de drogas se espalharia como uma doença era generalizada tinha defensores poderosos.

A expressão "infecção por contato" neste contexto é um exemplo ilustrativo. Seu autor é Nils Bejerot, médico sueco cuja atuação foi decisiva na política de narcóticos daquele país e teve repercussões também na Noruega.[73] Numa época em que a cânabis era considerada a maior ameaça, ele alegava que qualquer um que tivesse contato com um usuário de drogas corria o risco de ser contaminado e também começar a consumir drogas. A seguinte afirmação foi feita pelo chefe da polícia de Oslo em 1967:

O número (de usuários de maconha) está aumentando constantemente por causa da tendência de consumir maconha em grupos, e cada novo viciado costuma atrair ou convencer de três a quatro pessoas de seu círculo de conhecidos para experimentar a droga. Cada um desses novos usuários arregimenta outros três ou quatro e assim por diante, resultando num crescimento exponencial.[74]

Percepções como essa aumentaram o temor de uma epidemia iminente e ajudaram a moldar as reações dos políticos. Nos debates parlamentares do final da década de 1960, o consumo de maconha foi descrito como uma "situação de perigo iminente", como "um maremoto que está prestes a inundar o nosso país" e como uma "epidemia latente que periga explodir de uma hora para a outra".[75] As drogas passaram a ser consideradas uma ameaça real para a cultura e sociedade norueguesas.

Diante disso não faltou disposição para uma guerra na qual a punição era considerada uma arma decisiva. Em 1964, a punição pelo crime de tráfico de drogas com base na Lei de Medicamentos era de detenção por três meses para poucas quantidades e de dois anos para quantidades maiores. Em 1968, o consumo e a posse para uso próprio eram condenados com seis meses de reclusão, e tudo que estivesse relacionado à compra, venda e contrabando de drogas ganhou um novo artigo no Código Penal com pena de seis anos de reclusão. Nos anos que se seguiram, a lei foi sendo acrescida de novos artigos e, em 1984, a pena máxima chegava a 21 anos de prisão. Em outras palavras, em vinte anos, testemunhamos o mais rápido incremento de punições da história — de um máximo de dois anos de prisão até a pena máxima vigente na Noruega.[76]

As mudanças na legislação ocorreram em etapas, e cada vez que uma nova proposta era discutida no *Stortinget* [Parlamento], a impressão era de que havia uma verdadeira competição entre os representantes. Ottar Brox, sociólogo e ex-deputado do Partido da Esquerda Socialista, conta em livro um episódio da escalada punitiva da década de 1970. Vários colegas de bancada eram contra um endurecimento da legislação, mas corria o boato de que o Partido Popular Cristão queria uma proposta ainda mais severa do que a que estava em debate. Hanna Kvanmo, destacada socialista da época, alertou o restante da bancada do partido: "Não quero sair desse debate com a sensação de que minha opinião vale só metade da deles".[77] Essa passagem anedótica dá bem a dimensão do clima político antidrogas daquele período. A punição tem um aspecto simbólico, e quem defende dez anos de prisão destaca-se diante de quem defende uma pena mais branda. No entanto, esse punitivismo extremo não ocorreu apenas no plano simbólico: foi adotado na prática.

Nos últimos quarenta anos, foram quase 300 mil sentenças por tráfico.[78] Desde 1970 e ao longo das décadas de 1980 e 1990, o aumento foi constante, especialmente após a virada do milênio. De 2018 a 2016, foram 222.995 condenações, perfazendo um total de quase 14 mil por ano, ou quarenta por dia, todos os dias desse intervalo.

Como podemos interpretar esses números? É muito ou pouco? Isso pode ser colocado em perspectiva examinando-se a parcela que representa no número total de medidas punitivas. O intervalo varia pouco, mas em linhas gerais 40% de todas as sentenças julgadas na Noruega estão relacionadas a narcóticos.[79] Multas por excesso de velocidade estão excluídas desse total porque não são consideradas medidas punitivas para efeito estatístico, assim como não contam no prontuário de antecedentes dos infratores. Os delitos envolvendo narcóticos são de longe a categoria de crime que mais punimos.

Mas de que são acusadas todas essas pessoas, afinal? Uma estimativa aproximada mostra que as punições se dividem igualmente entre as duas disposições legais que tratam das drogas. Pouco menos da metade das penalidades são impostas por violações da Lei de Medicamentos e pouco mais da metade por violações das disposições do Código Penal sobre drogas. A Lei de Medicamentos regulamenta apenas a posse e o consumo próprio, de modo que quase metade das sentenças — 11.467 desde a virada do milênio — são aplicadas a pessoas que foram flagradas no momento em que consumiam ou portavam pequenas quantidades, normalmente uma ou duas doses. As disposições do Código Penal norueguês proíbem a compra, venda, armazenamento, produção e contrabando de drogas, e desde a virada do milênio 116.623 penalidades foram impostas por essas razões. As sentenças variam do comércio e armazenamento de pequenas quantidades até o contrabando de centenas de quilos, e as penalidades incluem desde multas até prisão incondicional. A proporção de crimes que se enquadram na categoria "grave", geralmente associada a grandes quantidades de drogas, gira em torno de 10% das condenações com base no Código Penal, cerca de 5% do universo de crimes relacionados a drogas. Isso significa que a grande maioria das penas relacionadas a drogas diz respeito a pequenas quantidades.

Por trás de uma reação punitiva, o número de violações da legislação sobre drogas tende a ser alto. O número de denúncias de delitos, por conseguinte, será maior do que o número de penalidades. Examinando-se as sentenças também se constata a dimensão do trabalho exercido pela polícia. As estatísticas criminais não fornecem uma imagem precisa dos crimes cometidos na sociedade. Os delitos de drogas não têm vítimas declaradas, não há relatos de que algo de errado lhes aconteceu. É a própria polícia quem denuncia esses crimes, e a frequência com que acontece depende do nível de prioridade e de empenho dedicado à questão. Nesse sentido, podem-se considerar os boletins de ocorrência sobre drogas como um barômetro das ações policiais, não como uma resposta a delitos que possam ter ocorrido de fato. Mesmo assim, as estatísticas mostram que as drogas tiveram, e ainda têm, alta prioridade. No período 2001-2016, foram relatados 622.084 delitos envolvendo drogas. Bem mais da metade deles — mais de 350 mil, 22 mil por ano, sessenta por dia — diziam respeito ao uso e posse para consumo próprio.

Para quem perdeu a conta, podemos resumir da seguinte forma: não há nas estatísticas nada sugerindo infrações à legislação antidrogas. A imensa maioria diz respeito ao consumo e posse de quantidades relativamente pequenas de substâncias ilegais. Em linhas gerais, podemos afirmar sem sombra de dúvidas que o castigo recai sobretudo sobre os usuários.

Não é de hoje, nem apenas na Noruega, que os verdadeiros responsáveis, os tubarões das drogas que ganham muito dinheiro com a miséria alheia, ficam impunes. Isso foi bem demonstrado pelo estudo do psicólogo Kåre Bødal, que passou trinta anos investigando 350 traficantes que cumpriam pena de prisão.[80] Ele descobriu que o vendedor típico era homem, pobre e desempregado, que financiava parte de seu próprio consumo com a venda de drogas, na maioria das vezes em quantidades modestas. Qualquer tentativa de equipará-los aos verdadeiros narcobarões é absolutamente distante da realidade. Pesquisas subsequentes sobre a quantidade de presos responsáveis por crimes de drogas, cerca de um quarto de todos os detentos, repetem esse padrão.[81] São pessoas pobres e solitárias, que pontuam lá embaixo em todos os indicadores de bem-estar social. Dito de outro modo, os verdadeiros mafiosos continuam impunes.

Roar

Roar é uma das pessoas que figuram nessas estatísticas. Quis saber mais sobre a experiência de condenados e, por intermédio de um conhecido mútuo, entrei em contato com ele. Nos encontramos num café tranquilo no centro de Oslo. É um homem na casa dos cinquenta anos, de aparência gentil e discreta. Não tem os estereótipos nem de um mafioso nem de um *junkie*, é simpático, esguio e sobressai como uma pessoa normal. Minha ideia inicial era entrevistá-lo apenas sobre questões restritas ao sistema judiciário, mas antes quis conhecê-lo melhor. Ao me acercar do tema, acabei lhe perguntando como tudo começou, e quis saber o contexto em que ele consumia drogas. Ele não parecia disposto a tocar no assunto. Lembranças ruins que tentava deixar para trás voltavam a assombrá-lo, então foi breve e direto ao me contar da infância conturbada que teve.

Meu pai bebia demais e era muito violento. Às vezes ficava completamente descontrolado, botava a casa abaixo e tínhamos que fugir no meio da noite, porque ele ameaçava matar todo mundo e arremessava em nós o que tivesse na mão. Muito disso não se lembra em detalhes, ele disse, mas os sentimentos ruins perduram. Essa situação o fez querer distância do lar sempre que possível. *Eu não tinha vontade de ficar em casa nem de receber a visita de amigos.* Amigos havia, uns de quem gostava e outros nem tanto. Não que fossem más pessoas, mas mexiam com coisas que não eram tão boas, e foi assim que começou a usar haxixe e speed.

Roar disse que nunca se sentiu acolhido em lugar algum, *nunca senti que pertencesse a algum lugar, sempre me senti excluído.* Ele havia sido adotado e não sabia exatamente o que isso queria dizer: *não é porque fui adotado que virei drogado, mas talvez tenha a ver com esse sentimento de não pertencer a lugar nenhum, não sei direito.* Mesmo assim, as coisas correram razoavelmente bem durante anos. Ele prestou serviço militar, período do qual guarda boas lembranças, e depois concluiu os estudos, conseguiu um emprego, casou-se e teve filhos — tudo parecia em ordem. Mas então seu mundo desmoronou, *e é difícil dizer exatamente por quê.* Só então, na idade adulta, que veio a experimentar heroína, uma experiência que descreve como absolutamente incrível — *pela primeira vez essa sensação de estar excluído desapareceu, eu relaxei como nunca havia relaxado antes, foi como se dissesse à heroína: onde você esteve durante todo esse tempo?*

Eu não estava preparado para ouvir uma história assim quando fui encontrá-lo. Estava interessado na questão da prisão, e perguntei da droga apenas como pretexto para começarmos a conversa. Estou bem ciente de que muitos usuários de heroína carregam uma dor que tentam eliminar com a droga. São traços notórios na biografia de heroinômanos, bem conhecidos por quem trabalha em abrigos, mas esse relato em particular me pegou desprevenido, talvez porque não estava mentalmente preparado. Essa história não me impactou como a narrativa nuançada que eram as outras; era sim um testemunho cru do homem sentado diante de mim. Não que ele estivesse fazendo um dramalhão, nada disso. Ele falava pausada e serenamente e, a exemplo de tantos outros com quem conversei, Roar relutava em explicar o uso de drogas pelos traumas que sofrera na infância. Mas por que continuo a contar essa história? De que maneira as experiências traumáticas de Roar são relevantes no contexto do punitivismo?

A fundamentação jurídica é bastante clara. Enquanto houver uma lei determinando que o tráfico de drogas é ilegal, do ponto de vista jurídico não interessa quem é o culpado. Se você infringir a lei, as sanções serão legítimas independentemente de quem você seja, desde que se trate de um cidadão mentalmente são e maior de idade. Jovem ou velho, pobre ou rico — aos olhos da lei somos todos iguais. Do ponto de vista estritamente jurídico, porém, pode ser interessante examinar de perto quem está sendo condenado.

Quando Roar começou com a heroína, passava muito tempo nas ruas, e o mercado da droga à sua volta nunca fechava as portas. Por isso também se tornou um alvo preferencial das operações policiais. Chegou a ser detido várias vezes, mas acha que teve sorte de ter sido flagrado apenas com drogas em pequenas quantidades. Às vezes, era preciso comparecer ao tribunal, noutras vezes os casos eram decididos na hora, e ele sempre confessava as acusações e aceitava as consequências. Ser detido e revistado na rua se tornou uma rotina — não que acontecesse todos os dias, mas sempre havia essa possibilidade.

Ele se lembra bem de uma ocasião quando foi parado pela polícia perto da rua Karl Johan. *Fizeram tudo como sempre, me encostaram na parede e revistaram minhas roupas, perguntaram o que eu tinha usado e o que carregava na mochila.* Descobriram algo como meio grama de heroína, o correspondente a duas doses, *então me algemaram e levaram para a delegacia. Como os policiais estavam rondando a pé, tive que descer a Karl Johan algemado com as mãos nas costas, escoltado por dois policiais uniformizados. Em pleno dia de verão, as calçadas apinhadas de gente, e naturalmente isso chama muito a atenção. As pessoas me encaravam e eu estava morrendo de medo de encontrar um conhecido durante o percurso, que demorou uns quinze minutos.* Ele passou algumas horas na delegacia e pagou uma multa. Depois que o liberaram e apreenderam as drogas, *a primeira coisa que fiz quando saí da delegacia foi ir atrás de comprar mais.*

Roar conheceu policiais de dois tipos. Alguns eram truculentos, falavam palavrões e lhe davam ordens, enquanto outros eram respeitosos e chegavam até a pedir desculpas quando o detinham e revistavam. Obviamente, era melhor ser abordado pelos últimos, ele observou, mas em todos os casos as situações eram deprimentes. *Passar vinte minutos encarando um muro em plena rua, enquanto a polícia o interroga e revira tudo que encontra com você é uma experiência humilhante para qualquer pessoa. O pior de tudo é que a gente acaba se acostumando, e isso aumenta a sensação de exclusão, se mistura com a sua personalidade,* disse Roar. Às vezes, acontecia de estar totalmente limpo. Não era necessariamente revistado por causa de alguma suspeita, mas por ser quem era e estar onde estava.

O caso de Roar é apenas um das centenas de milhares que figuram nas estatísticas. Vale ressaltar que só há registros de quando ele foi efetivamente apanhado com algo; das outras vezes, não há registro algum.

Como permitimos que as drogas sequestrassem nosso sistema judiciário? E como chegamos à conclusão de que era uma boa ideia algemar pessoas como Roar e fazê-las desfilar pelas ruas em pleno dia, sob a vista de todos?

Johannes Andenæs tem um papel importante nesse desdobramento. Ele era uma figura importante no meio jurídico, uma espécie de bússola do direito penal norueguês. Sua obra-prima, *Alminnelig strafferett* [*Direito Penal Comum*], de 1956, ainda é adotado nas faculdades de direito da Noruega. Como não poderia deixar de ser, também teve um papel fundamental na criação de uma política antidrogas e ajudou a estabelecer o marco legal da política de proibição e punição. Contudo, algo aconteceu que o fez mudar de opinião, e, a partir da década de 1990, Andenæs passou a condenar veementemente a política que ajudou a elaborar, defendendo uma redução drástica da aplicação de punições e a legalização de certas substâncias, incluindo a cânabis. Ele argumentou que "o futuro nos julgará e talvez cheguemos à conclusão de que o investimento público em políticas antidrogas foi o maior equívoco do século".[82] Afinal, qual era exatamente a expectativa de punir tanta gente?

A palavra "investimento" aponta para algo importante. Investe-se em algo para ter um retorno, de preferência superior ao montante investido. Lucro. O investimento em punição, do ponto de vista estritamente material, foi imenso. Um dia na prisão custa cerca de 2.700 coroas por detentos, e existem em média 1.200 presos cumprindo penas por delitos relacionados a drogas, o que corresponde a 3 milhões de coroas por dia, quase 1,2 bilhão por ano.[83] Não é simples quantificar o custo de cada uma das sentenças que os levaram até lá, mas são horas e horas de trabalho de policiais, delegados, escrivães, advogados, promotores, oficiais de justiça e juízes. As ações punitivas mais brandas também consomem recursos, sem contar a montanha de boletins de ocorrência por trás delas, mais de 660 mil desde a virada do milênio. Não faço ideia de quanto custou à polícia, ao fim e ao cabo, deter Roar na Karl Johan, escoltá-lo até a delegacia, lavrar a ocorrência, preencher documentos e deixá-lo esperando algumas horas. Há alguns anos, o centro de estudos conservador norueguês Civita publicou um cálculo que estimou os custos da proibição de drogas em mais de 3 bilhões de coroas anuais.[84]

O lado material do investimento em punições é relevante. Afinal, estão sendo empregados recursos públicos e vale a pena refletir se o dinheiro está sendo bem gasto, mas também é importante ter em mente o seguinte: o próprio conceito de punir pressupõe algo doloroso. Se não doer de alguma forma, deixa de ser relevante falar dos efeitos dissuasores da punição. Precisa funcionar ao contrário de uma recompensa, estimulando as pessoas a não cometer uma ação que se crê indesejada. Investe-se em sofrimento para se obter menos sofrimento. Então qual é mesmo o resultado dessa conta?

O resultado do sofrimento

Alguns dizem que a política antidrogas norueguesa é bem-sucedida porque temos números baixos em comparação com muitos outros países. Eis aí o ganho. É verdade que estamos bem atrás de outras nações, tanto em números relativos como absolutos,[85] mas não há evidências de que a punição seja o motivo para isso. Por um lado, não é possível saber como seria a situação sem as punições, mas isso também ignora o cálculo de que o número de usuários variou bastante sem que a polícia mudasse sua conduta, sugerindo que mecanismos completamente diferentes do efeito dissuasor da punição têm um impacto na escolha que as pessoas fazem das drogas. Além disso, a experiência de outros países mostra que a criminalização tem efeitos limitados no consumo. Na Holanda, as chamadas *cafeterias* vendem cânabis, enquanto, do outro lado da fronteira com a França, a droga é criminalizada. No entanto, há significativamente mais usuários de cânabis na França do que na Holanda.[86] No estado da Austrália Ocidental, a cânabis foi descriminalizada em 2004. Tanto lá quanto em outros estados australianos, o número de usuários de cânabis na época da descriminalização era decrescente, e o temor era que essa tendência fosse revertida. Não foi o que aconteceu. Os números continuaram a cair mesmo depois que a punição foi abolida.[87] Estudos comparando estados nos Estados Unidos com legislações diferentes mostram que punir usuário de cânabis não parece afetar o patamar de consumo.[88]

Há pesquisas indicando que a proibição e a punição têm uma repercussão limitada, mas não podemos ter essa certeza na Noruega. Vejamos então mais de perto uma premissa subjacente: uma proporção menor de usuários é um indicativo preciso de que a política de proibição foi bem-sucedida. Se investir na punição foi um sucesso, deve ser porque reduziu o sofrimento. Uma quantidade menor de usuários é sinônimo de menos sofrimento?

Quase 1 milhão de noruegueses já fumou cânabis uma, duas, três ou mais vezes. Tanto este quanto o consumo da maior parte de substâncias consideradas narcóticas ocorre sem que causem problemas. No entanto, é razoável esperar que a extensão do dano aumente se o consumo aumentar, pelo menos se esse aumento for significativo. Essa correlação estatística se provou bastante sólida no que se refere ao uso de álcool — quanto mais a população bebe, mais crescem os casos de risco e a magnitude dos danos. Essa é uma simplificação do chamado modelo de consumo total, que tem sido a base da política de álcool norueguesa por muitas décadas. Não há, portanto, uma conexão fixa e constante, na qual se pode verificar que um aumento x no consumo resulte num aumento y na extensão dos anos. Tudo depende de como esse aumento é distribuído — quem consome, em qual quantidade, em quais situações etc. — e também de quais danos estejamos falando. Se ampliarmos esse escopo, os problemas com a designação genérica "narcóticos" ficam evidentes. Um modelo de consumo total de "narcóticos", como se se tratasse de uma única substância, faz pouco sentido, visto que os danos potenciais de cada substância são muito diferentes. Várias anfetaminas podem causar problemas cardíacos, enquanto a cânabis afeta sobretudo as funções cognitivas. É possível se viciar em ambas, mas os riscos são bem maiores no caso das anfetaminas. Um aumento no consumo de cânabis pode causar preocupação, enquanto um aumento no uso de heroína deve fazer soar o alarme de emergência. Um maior consumo de cocaína certamente resultará em mais dependentes, enquanto o risco é significativamente menor no caso do MDMA. Khat não mata ninguém, enquanto um aumento no uso de GHB pode ser fatal.

Se é verdade que proibir leva a menos problemas e danos relacionados às drogas, o que está longe de ser certo, a proibição deve, no entanto, ser ponderada em relação ao sofrimento que a punição acarreta. Para que um investimento público tenha sucesso, é preciso haver um ganho geral — deve resultar em menos sofrimento generalizado.

A punição não é abstrata, são ações concretas contra pessoas específicas. É um castigo que estigmatiza e priva as pessoas da liberdade e da autonomia, e assim deve ser, caso contrário não seria uma punição. A punição é Roar sendo escoltado pela polícia pela Karl Johan em plena luz do dia, com algemas nas costas. É a polícia fazendo batidas surpresa em escolas com cães farejadores e deixando jovens de dezesseis anos carimbados para sempre com a pecha de "drogados". É a revista e apreensão das drogas de uma prostituta de quarenta anos, que entra em abstinência antes que consiga arrumar um novo cliente. É o estudante que não consegue encontrar o emprego que procura porque seu atestado de bons antecedentes informa um único flagrante com MDMA. No esforço para salvar alguém do inferno das drogas também acontecem exageros. É possível equiparar um jovem a dezenas de milhares que sofreram condenações criminais? Seria bem mais fácil defender a punição caso ela de fato impedisse as pessoas de incorrer no abuso de drogas, mas há poucas evidências para acreditar nisso.

Essa postura seria mais defensável também se ficasse comprovado que usuários de drogas estão fazendo algo errado, prejudicando mais os outros do que a si mesmos, cometendo roubos ou perpetrando violência. O que importa nesses casos é punir, enquanto os efeitos da punição ficam em segundo plano, mas com usuários de drogas não é assim, o que nos deixa diante uma análise puramente consequencialista, de variáveis difíceis de definir numa estimativa sensata. É impossível descobrir se 20 mil condenações reduzem o consumo em 0,5 ponto porcentual, mas são cálculos como esse que devem ser levados em consideração. Talvez fosse o caso de recorrer às punições por razões puramente utilitárias, mas desde que tivéssemos a certeza de que funcionariam a contento; do contrário, o melhor é se abster delas. Se um remédio tão amargo é realmente um meio para resultar em menos sofrimento, é preciso ao menos garantir que será eficaz. Do contrário, estaremos apenas perpetuando esse sofrimento e, como bem apontou Andenæs, gastando dinheiro numa medida equivocada. Já se passaram mais de vinte anos desde que Andenæs afirmou que criminalizar as drogas foi talvez o maior investimento equivocado em punição do século. Desde então, punimos mais do que nunca. Sabemos pouco do que os políticos realmente pensam sobre o assunto. Talvez muitos até achem que a punição foi além da conta, talvez alguns até quisessem aboli-la por completo, mas ninguém moveu uma palha nesse sentido temendo arriscar seu capital político. Do ponto de vista estratégico, não é tão difícil de entender. Choveram críticas sobre as poucas vozes que ousaram falar em descriminalização ou legalização das drogas, acusando-as de trair a juventude e até de ser cúmplices do vício. Há apenas alguns anos, o então ministro da Justiça Anders Anundsen alegou numa entrevista à TV que a moção do Partido Trabalhista pela legalização seria muita irresponsabilidade.[89] Amundsen falava sobretudo "enquanto pai de família". Como outros pais de família deveriam se sentir então? A Associação Norueguesa de Polícia Antidrogas, grupo de interesse formado por policiais que trabalham ativamente para manter a política de proibição, afirmou que as propostas de descriminalização deveriam causar preocupação entre "todos que amam os jovens".[90] É um debate difícil, principalmente para os políticos, pois quem irá votar em alguém que não gosta da juventude?

Novos tempos?

Estamos, no entanto, num ponto de inflexão. No momento em que escrevo, um comitê nomeado pelo gabinete conservador* está trabalhando em propostas para transferir as políticas de drogas do âmbito da justiça para a saúde. O objetivo, que conta com amplo apoio partidário, é reformar as políticas de drogas. No mandato do comitê consta o seguinte: "Sabe-se que as drogas são, principalmente, um desafio sanitário. A repressão ao uso e posse de drogas ilícitas para uso pessoal tem contribuído para a estigmatização, marginalização e exclusão social, e pode ter dificultado o atendimento do usuário individual com ofertas e acompanhamento adequados e personalizados".[91]

Alguns pagaram o preço dessa proibição e foram estigmatizados, marginalizados e socialmente excluídos pelo processo penal. O comitê afirma que é chegada a hora de mudar essa realidade, e isso é muito bom. Há várias coisas sobre as quais não tenho certeza quando se trata de drogas e políticas de drogas, mas a necessidade dessa mudança não é uma delas. O consumo de drogas não deve ser penalizado em ne-

---

* Em 13/9/2021, as eleições deram maioria à esquerda e a um novo gabinete encabeçado pelo Partido Trabalhista.

nhuma hipótese, não importa se o usuário recorre a elas para viver ou para sobreviver.

Para aqueles que esperam uma mudança de rumo de política de drogas, no entanto, é preciso paciência. A história mostra que ideias que contestam a filosofia punitiva não são implementadas da noite para o dia. Medidas de redução de danos, como dispensação de seringas e instalação de abrigos, foram muito controversas na época que foram implementadas porque materializavam uma aceitação do uso de drogas ilegais. A inauguração do primeiro abrigo em Oslo, em 2005, só ocorreu depois de um processo político de mais de cinco anos com extensas reportagens, duas rodadas de consultas públicas, debates intensos no *Stortinget* e centenas de artigos de jornal. Somente depois de tudo isso é que uma pequena sala passou a funcionar das 9h às 16h na Tollbugata, com quatro cabines individuais onde os usuários poderiam se alternar para aplicar heroína. Noutras palavras: muito trabalho e alvoroço para uma medida muito limitada. Com tudo que implica essa migração do âmbito da justiça para a saúde — ou da punição para o tratamento —, é certo que o trabalho do comitê de reforma das políticas de drogas levará tempo. É da natureza da política e da burocracia, sobretudo em se tratando de um tema tão controverso.

Resta saber se a punição para o consumo de drogas será eliminada imediata ou gradativamente, se é que o será de todo. Em todo caso, a sociedade será chamada a opinar novamente, terá a oportunidade de examinar a questão em detalhes, e com uma nova mirada poderá decidir se e o que devemos parar de punir. Como vimos, o rótulo "narcóticos" não abrange um conjunto uniforme de drogas.

The Nutty Professor*

Sabia que é mais perigoso andar a cavalo do que tomar um ecstasy? A equitação causa lesões graves em um de cada 350 casos, em comparação com um de cada 10 mil em se tratando do ecstasy. Os cavaleiros que caem da montaria sofrem lesões cerebrais e doenças crônicas no pescoço e nas costas, e podem ficar incapacitados para o resto de suas vidas. Até o risco de morte é maior para quem sobe no dorso de um cavalo do que para quem toma uma pílula de ecstasy. Quem sabe não seria o caso de proibir as cavalgadas?

Em 2009, o professor britânico de psiquiatria David Nutt ficou célebre por esse enunciado.[92] Na época, presidia o Conselho Científico para Narcóticos do Reino Unido. A proposta não foi bem recebida pelo gabinete de ministros, e ele foi demitido do cargo. É possível que tenha contribuído para isso o protesto de Nutty diante da reclassificação da cânabis como uma droga de categoria B, após um breve interregno como categoria C. No sistema britânico, as drogas ilegais são classificadas de acordo com o grau de perigo, e o potencial de dano da categoria B é obviamente maior que na categoria C.

---

* N.T.: O autor faz um trocadilho com o sobrenome do pesquisador para aludir ao filme *O professor aloprado*.

Nutt sustentou que não havia fundamentos para reclassificar a cânabis. Dita isoladamente, essa declaração não teria causado grandes embaraços para as autoridades; o problema maior foram as manchetes de jornais com Nutt afirmando que o álcool é mais perigoso que a maconha. Os ingleses apreciam tomar seu *pint* de cerveja, logo... Afinal, o que pretendia o professor? Sair por aí alardeando provocações?

O objetivo do conselho que presidiu era avaliar o potencial das drogas com uma base científica. O sistema com as categorias A, B e C destina-se a indicar o potencial de danos de várias drogas ilegais, e as penalidades são calculadas com base na categoria a que a substância pertence. Nutt acha que o sistema em princípio é muito bom. De maneira simples e didática, as pessoas podem se inteirar do potencial de dano da droga, e o sistema judiciário tem um roteiro para avaliar a necessidade de punições. O problema é que, internamente, o sistema apresenta falhas. Quando o ecstasy é equiparado à heroína na classe A, categoria das drogas mais perigosas, as pessoas são induzidas a pensar que tanto faz tomar um comprimido ou injetar uma dose. Não é apenas um equívoco: pode ser um fatal. A heroína pode matar com apenas uma dose, o que é virtualmente impossível com o ecstasy.

O projeto de Nutt era desenvolver métodos para medir o potencial de dano real das várias substâncias, sem se importar com o que seria politicamente oportuno. Conforme mencionado, perdeu seu lugar no conselho, mas imediatamente conseguiu outro emprego onde pôde continuar esse trabalho. Junto com um grupo de especialistas de muitos países, desenvolveu uma estrutura analítica para medir os danos do consumo de drogas. Em resumo, são dezesseis indicadores divididos de acordo com os danos que uma substância pode causar tanto em quem a consome quanto nas pessoas em volta. Risco de morte, prejuízo à saúde física e mental, probabilidade de concluir os estudos e permanecer no trabalho e na moradia, manutenção das relações familiares e custos financeiros para a sociedade na forma de despesas com serviços sanitários, de assistência social e jurídicos são alguns dos indicadores. Em 2010, os resultados foram publicados num artigo na renomada revista científica *The Lancet*.[93]

Heroína, crack e metanfetamina obtiveram as maiores pontuações em danos ao usuário, enquanto álcool, heroína e crack obtiveram as maiores pontuações em danos a terceiros. Combinando-se danos ao usuário e a terceiros, o álcool se destacou como droga mais prejudicial. No extremo oposto da escala estavam as substâncias psicodélicas LCD e a psilocibina (cogumelo mágico), que têm como único risco potencial associado ao consumo os problemas mentais. O ecstasy veio logo atrás, com vários outros fatores de risco, mas ainda num nível baixo. A cânabis pontuou aproximadamente no meio da escala.

Estudos como esse têm suas limitações, que Nutt e seus colegas deixam claro na introdução do artigo, mas se trata da análise mais abrangente do potencial de dano das drogas, referendada por uma revisão de pares e publicada numa das revistas científicas mais respeitadas do mundo. O que podemos fazer de posse dessa informação? Permitir que ecstasy e maconha sejam vendidos nas gôndolas de supermercado ao lado de bebidas alcoólicas?

Nutt costuma ser considerado muito liberal no que diz respeito às políticas de drogas, mas essa é uma percepção equivocada. O ponto principal do projeto é mostrar como a classificação das diversas drogas de forma alguma corresponde ao seu respectivo potencial de dano. É possível punir pessoas pelo consumo de drogas com pouco risco de dano, enquanto algumas bem mais prejudiciais são comercializadas no varejo. Nutt parte da premissa de que não é desejável nem factível criar uma política que elimine entorpecentes e drogas da sociedade. Como todas as drogas implicam um potencial de dano que devemos limitar tanto quanto possível, é preferível ter uma abordagem embasada no risco real que representam.

Haxixe e heroína

Alguns anos atrás, um terapeuta familiar me pediu um conselho. Ele estava lidando com um relacionamento complicado entre mãe e filho. O terapeuta queria saber mais detalhes sobre o perigo de o jovem fumar haxixe. A mãe quase surtou quando o filho, na casa dos vinte anos, lhe contou que usava a droga. Para ela, haxixe era sinônimo de perdição, na sua mente o filho estava prestes a cair na sarjeta com uma seringa de heroína enfiada no braço — afinal, ele estava consumindo "drogas". O terapeuta achou a reação da mãe exagerada, mas por segurança quis consultar um especialista antes de sair em defesa do filho nesse aspecto do conflito que os dividia. O filho só fumava ocasionalmente, nos fins de semana e em festas, mas isso não deixava a mãe mais tranquila. Eu disse ao terapeuta que a cânabis é uma droga que um homem na casa dos vinte pode consumir sem maiores problemas, desde que não seja usada com muita frequência e contanto que o usuário não padeça de nenhuma forma de psicose — e desde que não seja flagrado pela polícia, naturalmente. O terapeuta agradeceu a informação, mas não tinha certeza se ajudaria na terapia. Ele suspeitava que seria difícil para a mãe se reconectar com o filho, a menos que o consumo de haxixe estivesse fora de questão.

Eis aqui apenas uma das muitas situações em que as drogas são consideradas uma só substância, em que uma droga relativamente inofensiva é confundida com outra, letal. Mal-entendidos como esse são consequência de uma percepção equivocada de diferenças absolutamente essenciais que separam as drogas. Talvez seja uma boa ideia a proposta oriunda de um grupo de médicos noruegueses, alguns anos atrás: "O termo 'droga' tem significados tão amplos e imprecisos que melhor seria se fosse deixado de lado".[94] Do ponto de vista médico, não faz sentido que drogas com propriedades totalmente diferentes, às vezes completamente opostas, estejam debaixo de um só guarda-chuva. Isso também ajudaria a evitar preocupações desnecessárias. Por que uma mãe deveria perder seu sono achando que haxixe e heroína são a mesma coisa?

Existe um paralelo interessante quando o assunto é o tabaco. Do ponto de vista científico, há um consenso de que os cigarros são muito mais nocivos do que o rapé.* Ambos derivam do tabaco e viciam rapidamente, pois contêm nicotina. Ocorre que, neste caso, o perigo não é o vício em si, mas a absorção pelo corpo de milhares de outros produtos que aumentam o risco de doenças graves e fatais. O rapé é considerado 90% menos prejudicial do que os cigarros[95]. Logo, trata-se de um grave erro equiparar um ao outro. No entanto, as autoridades têm relutado em dar publicidade a isso, porque não é desejável que as pessoas considerem o rapé um produto inofensivo.

---

* N.T.: Bastante popular entre os jovens nos Países Nórdicos, o rapé é vendido em estojos com saquinhos semelhantes, porém menores, aos de chá. É consumido pelo contato com a mucosa oral.

Drogas como terapia

Na perspectiva dos usuários, costuma-se não distinguir entre substâncias as mais diversas para não dar a impressão de que todas são igualmente inofensivas. É chegada a hora de reconsiderar essa estratégia. Que tal tratar as drogas com base em seu funcionamento, incluindo o tipo de efeito que proporcionam? Algumas das substâncias que hoje são chamadas de narcóticos, por exemplo, têm efeitos com boas repercussões terapêuticas. São várias as pesquisas mostrando que MDMA, psilocibina e LSD são drogas que podem ajudar pessoas a lidar com dificuldades contra as quais estão lutando. Entre outras coisas, o MDMA ajuda a fortalecer sentimentos como tolerância e empatia, o que pode ser de grande valor na terapia de vários transtornos mentais.[96] Talvez as alterações ocasionadas pelo MDMA sejam justamente o efeito desejado, portanto as advertências sobre efeitos colaterais e acompanhamento terapêutico dessa droga precisem ser adaptados tendo isso em consideração.

O efeito terapêutico de diferentes drogas já ocupa uma posição de destaque nos tratamentos. O consumo de psicofármacos é alto. Uma das características positivas do MDMA é que, diferentemente de algumas outras drogas, ele não causa dependência. Não é usado de maneira uniforme e frequente, não estamos falando de uma dosagem diária. Tampouco causa abstinência; ao contrário, as pessoas o tomam apenas uma ou poucas vezes, e depois nunca mais. Como acontece com todas as drogas, o uso excessivo de MDMA fora de um contexto terapêutico pode causar problemas, e a chance aumenta acentuadamente se associado a outras drogas, como cocaína, anfetaminas, álcool e cânabis. Dessa forma, não se deve confundir nem consumir essas drogas de uma só vez, e talvez seja preciso distinguir o MDMA da cultura hedonista das *raves* e boates. Há um grande número de estudos com conclusões instigantes sobre essa substância que não deveriam ser ignorados apenas porque o MDMA é atualmente classificado como narcótico.

O mesmo vale para psicodélicos como a psilocibina e o LSD. Como mencionado antes, há um interesse crescente por essas drogas, principalmente em relação ao efeito que parecem ter no tratamento de certos transtornos mentais. O campo de pesquisas atuais é bem restrito, e os cientistas envolvidos costumam ser cautelosos e enfatizar que é muito cedo para conclusões definitivas. Os resultados ainda não são suficientes para extrapolar o grupo de controle, mas se trata de pesquisas de alto nível, publicadas em revistas científicas reconhecidas.[97] Em 2018, uma delas foi resumida no periódico da Associação Médica Norueguesa.[98] As pesquisas mais avançadas são realizadas com portadores de ansiedade e de depressão, doenças potencialmente fatais. Uma única dose de psilocibina, combinada com acompanhamento terapêutico, mostra um efeito imediato, marcante e duradouro para pacientes com alguma forma de câncer terminal. Esperar pela morte está naturalmente associado a muita ansiedade e inquietação, e psicodélicos parecem ajudar nessa última fase da vida de uma forma mais significativa e eficaz do que os antidepressivos comuns. Não há relatos de efeitos colaterais graves ou dependência. Há resultados promissores também em muitos outros projetos de pesquisa, inclusive sobre depressão, não apenas em doentes terminais, mas também com dependentes e portadores de distúrbios relacionados a alguma perda de controle.[99]

Os psicodélicos não são drogas para consumir em festas regadas a bebida. São substâncias que possibilitam experiências muito intensas, e é improvável que um mercado negro dessas drogas venha a florescer. Poucas pessoas desejam que os psicodélicos voltem a ocupar a mesma posição que ocuparam na cultura da década de 1960, quando foram consumidos em demasia e da maneira errada. Mesmo quando se trata de tais substâncias, contudo, a designação de narcóticos pode impedir que se aproveitem os efeitos positivos que podem oferecer. Se as pessoas têm experiências positivas e transformadoras numa viagem psicodélica uma ou duas vezes por ano, isso é preferível a doses diárias de antidepressivos sedativos ou à automedicação com outros medicamentos.

Da proibição à regulamentação

A cânabis é de longe a droga ilegal mais consumida atualmente. Cerca de um quarto da população entre dezesseis e 64 anos já a consumiu pelo menos uma vez na vida; considerando-se o universo de pessoas com mais de 64 anos, provavelmente chegaremos à casa dos milhões. A maioria das pessoas que fumaram cânabis, no entanto, o fizeram apenas uma ou poucas vezes. Não conheço nenhuma pesquisa que explique o porquê disso, mas o mais provável é que simplesmente não gostaram do que experimentaram. A fronteira legal já havia sido cruzada mesmo, portanto não é nisso que estaria a explicação. O efeito das drogas difere muito de pessoa a pessoa. Muitas não gostam dos efeitos que a cânabis proporciona e se sentem mais à vontade com o álcool, por exemplo. As mesmas pesquisas mostram que até 180 mil noruegueses consumiram cânabis ao longo de 2018, sendo cerca de 80 mil no último mês. Muitos acreditam que o consumo dessa planta deve ser regulamentado.

Não sei onde Jens Stoltenberg conseguiu o haxixe que admitiu ter fumado em sua juventude, mas certamente não foi um produto tributado. Talvez tenha vindo do Marrocos ou do Afeganistão, e isso pouco importa. Importante aqui é saber que a droga veio parar em Oslo através de uma cadeia de consumo que é ilegal, obscura e violenta. Stoltenberg também não tinha ideia do que estava fumando. Não sabia se era forte nem se estava misturado com outras substâncias impróprias para o consumo. Se ele tivesse sido flagrado e punido por isso, talvez o histórico e o estigma inviabilizassem sua carreira posterior como primeiro-ministro e atual secretário-geral da Otan. Assim como acontece com quase todo mundo que já fumou haxixe, a história de Stoltenberg teve um final feliz. A dúvida que fica é se todos esses aspectos da criminalização da cânabis, que fomenta um enorme mercado negro isento de impostos e sem nenhum controle de qualidade, não causariam mais problemas do que soluções.

Na visão geral de Nutt sobre o potencial prejudicial das substâncias, a cânabis está no meio da escala. O maior risco é que, para pessoas predispostas a certos transtornos psiquiátricos, a droga pode ter um efeito desencadeante. Isso representa um risco real e grave para pessoas com esse perfil, que no entanto são estatisticamente poucas. Para a imensa maioria, é razoável presumir que o risco é pequeno, desde que não seja consumida em demasia nem com muita frequência. A cânabis, seja na forma de maconha ou de haxixe, é menos viciante e menos tóxica para o corpo do que o álcool. Uma vez que a criminalização tem uma série de consequências terríveis e a substância em si não constitui um risco tão grande, há uma tendência internacional pela descriminalização e, em alguns lugares, pela legalização, isto é, a autorização para que seja comercializada normalmente.

Legalizar significa dizer que o Estado assumiu o controle do mercado, assim como a Noruega fez com o álcool na década de 1930, depois que a proibição mostrou seus efeitos negativos. Em vez de usar recursos para fazer valer as proibições, o Estado estabeleceu normas que buscavam regular o consumo da população. Um dos resultados dessa estratégia foi o Vinmonopolet.

Quem vai a alguma loja do monopólio estatal fazer compras para o fim de semana não pode simplesmente sair escolhendo à vontade entre os inúmeros tipos de bebidas disponíveis. É possível que compre tendo alguma preferência em mente. Talvez procure um tinto encorpado para degustar enquanto lê um livro, talvez queira algo mais leve para servir aos amigos na varanda, talvez queira três tipos de bebida diferentes para misturar num ponche com frutas numa tigela de vidro, de modo a evitar que seus convidados fiquem completamente embriagados ainda no começo da festa. Se o objetivo for esse, contudo, melhor então partir para algum destilado cujo volume de álcool seja 60%.

Nessa mesma perspectiva, pode-se imaginar um monopólio estatal para a venda de cânabis. Lá também haveria opções análogas e, talvez o mais importante, informações sobre o potencial de intoxicação. O nível de THC é a variável mais importante, e se assemelha às nuances entre o vinho e as bebidas espirituosas mais fortes. Não é possível sentir a diferença enquanto se fuma, da mesma maneira como se sente no caso do álcool que arde na boca, por isso é ainda mais importante conhecê-las com antecedência. Além disso, seria interessante explicitar também as muitas características associadas a outros ingredientes ativos, os canabidióis. Alguns têm o potencial de deixar os usuários mais "chapados"; outros, mais "ligados", e cada pessoa tem a sua preferência.

Esse mercado está sendo estabelecido no Canadá, que legalizou a cânabis em 2018. O país determinou quem pode vendê-la e de que maneira, e fixou regras para os produtos, rotulagem, embalagem, quantidade que pode ser comprada, limites de idade e assim por diante, e qualquer violação é penalizada. A legislação que regula esse processo tem três objetivos: em primeiro lugar, manter a cânabis longe dos jovens; em segundo lugar, tirar os lucros da mão dos criminosos e, em terceiro lugar, proteger a saúde pública e garantir a segurança, oferecendo aos adultos acesso à cânabis dentro da lei.[100]

Não é apenas uma questão prática poder adquirir uma substância numa loja, orientado por um vendedor habilitado diante de uma ampla oferta de produtos — e não pela mão de um traficante na penumbra de um beco, sem qualquer tipo de garantia pelo que se está pagando. Tudo isso altera também a própria percepção do significado dessa droga. A cânabis deixa de ser associada a uma atividade criminal e caminha na direção da normalidade. A questão passa a ser se essa normalização é desejável.

Para a maioria das pessoas que já consomem a cânabis, a normalização, naturalmente, é preferível. Elas continuarão a ter acesso à droga, mas sem participar de um mercado criminoso. Para a sociedade, também há benefícios óbvios em assumir o controle da economia canábica, regular a droga e direcionar os lucros aferidos com sua comercialização para a sociedade em geral. A normalização, entretanto, também afetará o consumo, que provavelmente aumentará. Dada a tradição norueguesa de criar esquemas restritivos, não é certo que o aumento no país seja quantitativamente tão grande, mas é possível que seja significativo o bastante para também afetar os parâmetros relacionados aos danos. Se o objetivo é reduzir o dano, então haveria muito mais a ganhar em outras áreas.

O elefante

Queremos reduzir o vício nas drogas? É preciso começar pelo álcool. E quanto à violência relacionada às drogas? É preciso começar pelo álcool. Queremos reduzir a quantidade de acidentes? É preciso começar pelo álcool. É inevitável que o álcool se transforme no elefante na sala quando o objetivo é a redução de danos. A última edição do *Relatório de Saúde Pública* norueguês afirma claramente: "O álcool causa significativamente mais problemas sociais e de saúde do que os narcóticos".[101]

Acontece que a Noruega já possui algumas das medidas mais eficazes para reduzir os danos relacionados ao álcool, e figura como exemplo em estudos de políticas de álcool de diferentes países.[102] Há muito tempo operamos com regulamentações que ajudam a manter os custos sociais e sanitários em níveis inferiores aos de muitos outros países. O Vinmonopolet limita o acesso a bebidas mais fortes, o esquema de licenciamento combinado aos horários reduzidos de venda reduz a compra por impulso, a tributação elevada contribui para que a compra de álcool deixe um rombo no bolso e seja sopesada diante de outras necessidades. Além disso, toda a publicidade de bebidas alcoólicas é proibida. Tudo isso restringe o consumo, o que, por sua vez, limita os danos.

Dentro dessa estrutura, entretanto, a política do álcool vem sendo liberalizada nas últimas décadas. Em 1980, em mais de duzentas comunas não era possível comprar cerveja em supermercados, e em mais de noventa delas não existiam sequer bares que servissem a bebida.[103] Ou seja, em quase um quarto dessas conurbações não havia bebida alcoólica disponível, exceto no Vinmonopolet ou na garagem, para aqueles que se aventuravam a produzi-las em casa. Agora, as pessoas se acostumaram ao fato de que o álcool está disponível em qualquer lugar, mesmo com as restrições mencionadas anteriormente. A maioria das pessoas mora perto de um uma loja do monopólio ou de um mercado que vende cerveja, e, embora os preços ainda continuem nas alturas, a cerveja e o vinho consomem relativamente menos dos salários do que faziam há algumas décadas. Sondagens de opinião mostram que a população está satisfeita com essa política, mas esse é um equilíbrio precário.[104] Políticos que defendem aumentar os impostos sobre bebidas certamente estão contribuindo para limitar o consumo e, consequentemente, reduzir a extensão dos danos relacionados ao álcool — uma medida universal e de largo impacto, segundo afirmam os estudiosos do assunto.[105] O problema é que esses políticos dificilmente são eleitos.

Dois padrões de consumo de bebida explicam grande parte dos problemas. O primeiro é um consumo maior disperso ao longo do tempo; o segundo é a ingestão de uma grande quantidade de bebida em pouco tempo. O padrão de bebida norueguês é celebremente caracterizado pelo segundo, mas o primeiro vem sendo adotado por cada vez mais pessoas. Talvez os noruegueses estejam se aproximando do europeu continental, inspirados pela França e pela Itália, onde o vinho é mais um elemento do dia a dia e menos uma oportunidade para beber até cair. Isso é verdade até certo ponto. Estamos bebendo mais do que antes, uma ou duas taças diárias, mas o grosso do que bebemos continua associado à celebração.

Quando a ressaca do fim de semana passa, os noruegueses não perdem tempo para se afogar no álcool na primeira oportunidade. É uma imagem um tanto caricata, mas não é totalmente errada.

    O alto consumo ao longo do tempo é particularmente associado aos estratos mais idosos da população. Não são pessoas que bebem até perder os sentidos, mas que estão consumindo hoje mais bebida do que faziam antes. Um amigo me disse uma vez que imaginava a velhice como uma espécie de embriaguez constante. Pode soar como pouco-caso diante de pessoas que estão aprisionadas no alcoolismo, mas não foi essa a intenção. É apenas o comentário de alguém que aprecia uma boa cerveja e a bebe todos os dias, tanto porque gosta como porque a sensação que a bebida traz lhe faz bem. É possível que isso seja exatamente o que vários idosos estejam fazendo hoje, e é bom que seja assim, denota uma alta qualidade de vida. Entretanto, há o outro lado dessa moeda: essas pessoas estão mais propensas a passar do ponto e serem arrastadas para o lado escuro do álcool. Embora alguns sejam mais predispostos do que outros a se tornarem viciados, abrir as portas para que o álcool assuma mais espaço no cotidiano é uma oportunidade que mais pessoas estão aproveitando. Com o passar do tempo, aquela garrafa de vinho sobre a bancada da cozinha pode se tornar mais tentadora do que sair para um passeio, ir ao cinema ou encontrar amigos, e é assim que beber para viver pode acabar se transformando em viver para beber.

    Encher a cara faz parte da cultura etílica norueguesa, e mudanças culturais nem sempre se deixam afetar por imposições. Não é por acaso que demoram para ocorrer e não ocorrem com tanta frequência a ponto de pautar o debate político. Não foi por nenhuma decisão das autoridades que os jovens passaram a beber menos, no entanto é isso que mostram os números desde o início da década de 2000. Os jovens de hoje vivem sob a égide da mesma política etílica restritiva dos jovens de algumas décadas atrás e, se o acesso à bebida só aumentou, a quantidade de pessoas que bebem é significativamente menor. Estudiosos especulam sobre as razões, apontando, entre outras coisas, que os jovens de hoje passam mais tempo diante de telas; que são mais ambiciosos e não querem que o álcool lhes atrapalhe a vida profissional; e, por último e não menos importante, agem como sempre agiram os jovens, marcando distância de seus pais, neste caso, optando por não beber loucamente como eles bebiam.[106] Quando o assunto é o álcool, maior problema de abuso de drogas do nosso tempo, parece que estamos recebendo uma ajuda inesperada da juventude.

Capítulo 5
Um propósito para as drogas

Eu gosto de drogas. Sempre que surge a oportunidade, estou aberto a elas. Gosto do que fazem com minha mente e com meu corpo, sou grato a elas por terem me conectado com outras pessoas, amigos e namoradas. As drogas enriqueceram minha vida e sem elas não seria o que sou, mas também me levaram a dizer e fazer coisas das quais me arrependi profundamente, me induziram a correr riscos graves e até me impediram de fazer coisas que eu deveria ter feito. Creio que já senti latentes em mim forças que afetam pessoas que passaram da conta, que foram além do que desejavam experimentando drogas para esquecer algo, para aliviar a dor ou simplesmente para escapar da realidade. Já se descreveu a experiência com as drogas como "agridoce",[107] e penso que esse adjetivo expressa bem o que elas representam para muitas pessoas, inclusive para mim.

São doces na maioria das vezes e para a maioria das pessoas, enquanto para outras têm um sabor amargo e duradouro. Para alguns, o que um dia foi só alegria com o tempo se tornou uma necessidade incontornável. Para outros, aconteceu quando a experimentaram pela primeira vez, uma espécie de calma até então desconhecida. Por várias razões, a droga se tornou algo que precisam, ou sentem que precisam, mais que um desejo.

Para estes, um pretexto para tomar aquela droga não existe mais. A substância já não oferece o que antes prometia, nem paz nem alegria, e se converteu numa fonte de problemas. Passou a ditar a existência dessas pessoas, e tudo que desejam agora é ter uma vida diferente e vislumbrar um outro amanhã.

Até que ponto é bom levar uma vida sem drogas?

Jefferson A. Singer é um psicólogo e escritor norte-americano que trabalha a dependência. Ele escreve: "O que as pessoas perderiam abandonando seus vícios e o que ganhariam com a sobriedade? (...) O problema dos pacientes com dependência crônica era a sobriedade, não a dependência".[108] Não há dúvidas de que essa é uma afirmação ousada. Os pacientes que procuraram Singer o fizeram exatamente porque o vício também cria problemas. No entanto, é preciso ter em mente que beber, fumar, injetar ou engolir uma determinada substância é uma tentativa de lidar com esse problema. A dependência tem uma solução simples, que se chama sobriedade. A questão é: qual a vantagem de não se optar por essa solução? De que vale uma vida inteira de sobriedade? Qual é o reverso dessa medalha?

Para muitos, a distância das drogas parece ser a única solução certa. A vida terrível que levam gira em torno de como conseguir a próxima dose, todo o resto deixa de ter importância, família, amigos, posses. A droga é um entrave e é preciso tirá-la do caminho. O objetivo é perfeitamente compreensível, o problema é que muitos não conseguem alcançá-lo.

Como vimos antes, Jonas participou de vários programas de desintoxicação com o objetivo de dizer adeus à bebida. Para ele, uma vida totalmente isenta de drogas não tem dado muito certo. Alguém como ele talvez até consiga ficar longe delas durante um período, mas as recaídas sempre vêm, e às vezes com muita intensidade. Quando dependência está tão arraigada assim, a única coisa sensata a fazer talvez seja reconhecer que simplesmente não se pode ficar longe das drogas, afinal. Nesse vaivém uma década se passou sem que Jonas se desse conta. De repente, ele já não tinha mais cinquenta, mas sessenta anos. Como irá viver pelos próximos dez?

É preciso haver uma mudança interna, não há como contornar isso, mas o que é preciso introjetar na própria mente — norteado pelas mais diversas ideologias de tratamento — para atingir esse objetivo? Para quem adere ao modelo de doze passos, como é o caso dos Alcoólicos Anônimos, os objetivos e o próprio uso da linguagem são moldados a partir dali. O álcool torna-se uma espécie de alergia, uma força superior à qual sucumbimos, e a solução é despedir-se dele para sempre. Um dia a cada vez, mas nunca mais. Uma vez alcoólatra, sempre alcoólatra, e essa passa a ser a identidade do indivíduo. É aí que reside o poder de resistir, no reconhecimento de que se é impotente e que o todo-poderoso álcool é invencível.

As histórias de sucesso com esse enredo costumam ser convincentes. Minha favorita é a de Leo MacGarry, chefe de gabinete do presidente dos Estados Unidos na série de televisão *West Wing*. Leo é afiado como uma navalha, tem uma capacidade de trabalho sobre-humana e uma autoridade inabalável. As pessoas prestam atenção ao que diz. E quando diz "Não posso, porque sou alcoólatra", ninguém duvida de que é verdade, não importa qual seja a pergunta. Ele nunca compreendeu o sentido de tomar apenas um drinque — pois na verdade não quer tomar só um drinque, tem vontade de tomar logo dez. Quando alguém pergunta como se curou depois de seis anos e meio sóbrio, ele responde que não está curado, que nunca estará. Leo transmite uma imagem potente do que significa ser um alcoólatra e das necessidades que as pessoas têm.

Essa compreensão do alcoolismo e dos laços que se estabelecem entre aqueles que compartilham essa dependência tem sido a salvação de muitas pessoas. Existem cerca de 120 mil grupos de AA em 180 países. Em 2018, a própria organização estimou que contava com pouco mais de 2 milhões de membros.[109] O alto grau de incerteza quanto à eficácia do tratamento é alto. Não se sabe ao certo por quanto tempo nem quantas pessoas conseguem permanecer sóbrias. O próprio AA estima o número de sóbrios em 50% dos que procuram ajuda, enquanto outros afirmam que o número exato ronda os 5% ou 10%.[110] Certo é que, seja qual for o número exato, muitos não têm sucesso em seu objetivo.

Portanto, o AA obviamente não é para qualquer um, e ninguém está afirmando isso, nem mesmo a própria organização. Mesmo assim, boa parte da filosofia e, sobretudo, do objetivo que preconiza são comuns a outros tratamentos. A meta de se livrar das drogas é a mesma, embora o método possa variar. É uma meta muito ambiciosa. Quase ninguém vive o que se poderia considerar uma "vida sem drogas". Parafraseando Singer, o que se ganha com isso?

Na última vez que encontrei Jonas, ele me contou que tinha bebido cinco cervejas na véspera. Estava tentando adotar uma estratégia em que não ficava totalmente abstêmio, mas também não bebia em tempo integral — uma espécie de pôquer cotidiano em que o álcool nem dava as cartas nem era excluído da rodada. Mais cedo, havia se referido a essa estratégia como "sonho dourado de todo alcoólatra", uma relação controlada com a bebida. Tinha recebido a visita de dois amigos e, a certa altura, um deles reparou que eram sete e meia da noite, implicando que a venda de cerveja em mercados seria encerrada em meia hora. Jonas ficou impressionado, pois esse é um típico reflexo alcoólatra. A maioria das pessoas não baliza suas atividades de acordo com os horários de venda de bebidas. Jonas e seus amigos não partiram em disparada para abastecer a geladeira com a bebida dessa vez, mas e da próxima?

    Jonas não tinha a certeza de que fez o certo, mas ao mesmo tempo se sentia bem consigo mesmo. Não estava mais tão preocupado sobre questões relacionadas à bebida. Se antes andava com as mãos geladas e o corpo tenso, agora parecia mais relaxado. A ideia fixa de nunca mais tocar em álcool já não mais o assombrava. Essa ideia sempre lhe ocorria, ele chegava até a senti-la no corpo, antecipando que voltaria a se entregar à bebida na primeira oportunidade e seu mundo voltaria a ruir, como fez tantas vezes antes. Não é fácil saber o que é certo, não existe uma resposta universal que possa guiar os passos de Jonas.

    Para aqueles que assim desejam, nada se compara à possibilidade de se livrar das drogas completamente. Muitos vivem uma vida melhor quando a droga não é mais parte dela. Se estão convencidos de que nunca mais voltarão às drogas e são capazes de conviver com isso, não há razão para duvidar de nenhum objetivo ou método. Só estou tentando entender por que tantos não conseguem atingi-lo, mesmo depois de tanto insistir.

A fissura que envergonha

Uma das funções de quem trabalha em abrigos de heroinômanos é cuidar da chamada "escotilha", uma fresta na parede por onde são dispensadas seringas e demais acessórios. São centenas de usuários num único dia. O tempo que passam ali é, compreensivelmente, muito curto. Só dizem o que desejam e nós lhes entregamos, mas há dias em que alguns estão mais dispostos a conversar. Certa noite, conheci um homem da minha idade que me deixou bastante impressionado ao me pedir especificamente agulhas de 13 e 16 mm. Depois que lhe entreguei um saquinho com o material, ele me perguntou se estava tudo bem comigo. Disse que sim, lhe fiz a mesma pergunta e foi quando reparei em seu olhar assustado. Não tenho palavras para descrever o pavor que parecia estar sentindo. Ele respondeu que estava tudo bem, só estava um pouco nervoso. Ah, que bom, retruquei, e ele comentou que tanta coisa havia lhe acontecido recentemente que agora estava na fissura.

Estar na fissura implica um risco grande de sobredose, uma vez que a tolerância tende a cair quando se passa muito tempo sem contato com a droga. Isso vale especialmente para a heroína, por isso lhe perguntei se era essa a substância que ele estava para se aplicar. Ele fez que sim com a cabeça e emendou que estava ciente de que era preciso ter cuidado, repetindo que os últimos dias tinham sido muito complicados. Disse também que usava a droga havia vinte anos. Perguntei se não seria melhor fumá-la, uma vez que a aplicação intravenosa seria muito arriscado, e nesse caso lhe ofereci umas folhas de papel-alumínio. Ele disse que já tinha experimentado fumar antes, mas recusou. Insisti então, como sempre digo para quem está na fissura, que tivesse cuidado e procurasse não ficar sozinho. Ele me olhou nos olhos e disse que, sim, sabia de tudo aquilo, apenas havia passado por muita atribulação ultimamente.

Nesse contexto, estar na fissura significa descumprir o compromisso de se livrar das drogas, um compromisso estabelecido consigo mesmo e com as pessoas próximas que, uma vez descumprido, trai a confiança de todos os envolvidos. Talvez fosse a segunda, terceira, quarta, quinta, décima vez que isso acontecia. A vergonha escancarada no semblante é indisfarçável. Existe algo que possa ajudar numa situação assim?

O mais triste da vergonha nesse contexto é que ela não traz nada de construtivo. Por mais traumáticos que sejam, sentimentos como a solidão e o tédio podem servir para acender um alerta e dar aquele empurrão que falta para tomar uma atitude diante do problema. Já a vergonha, não, ela simplesmente arrasta o dependente ainda mais para o fundo. Na pesquisa psicológica, distingue-se bem a culpa da vergonha, sentimentos que, em princípio, podem atuar juntos, mas que, ao mesmo tempo, têm caracteres distintos.[111] Quando alguém faz algo que sabe que não deveria, ou deixa de fazer algo que deveria, a culpa pode sobrevir. Chegar atrasado num compromisso, comer o último pedaço de bolo que seu irmão estava ansioso para comer ou deliberadamente ignorar alguém que precisa de ajuda, por exemplo, são atitudes que podem resultar em algum grau de culpa, um sentimento associado a escolhas diante das quais o indivíduo sabe que poderia ter feito diferente. A vergonha pode ser desencadeada por ações que geram culpa, mas também pode ocorrer de forma completamente independente de algo específico e é direcionada contra a própria pessoa. É como se a vergonha dissesse: você é uma pessoa má e incompetente fazendo o que faz, sentindo o que sente, pensando o que pensa, simplesmente você é assim. A culpa pode compelir o indivíduo a agir diferente da próxima vez, mas a vergonha apenas reafirma e sedimenta um sentimento de inadequação.

    O psiquiatra Finn Skårderud descreve a vergonha como a dor de se perceber como alguém que não merece ser amado.[112] É de arrepiar até os ossos. Se essa dor é sentida com muita frequência, não é difícil imaginar por que as drogas representam um imenso alívio. Portanto, a vergonha arrasta o indivíduo para as drogas que, por sua vez, são a fonte de mais vergonha. Se alguém finalmente consegue arregimentar forças e tenta sair desse círculo vicioso, toda a vergonha que acumulou precisa ser tratada de uma maneira inteiramente nova. Não é de admirar que isso não aconteça com tanta frequência nem dure para sempre, que a pulsão de retornar para um território conhecido sempre prevaleça. Sendo assim, não há razão para quem não consegue se livrar permanentemente das drogas sentir vergonha — afinal, poucas pessoas conseguem. Na verdade, é até surpreendente que consigam. Sempre se pode sentir culpa pela fissura, por descumprir a promessa de abandonar as drogas para sempre, mas a vergonha não é proporcional a isso, é um sentimento intenso demais pelo fracasso diante de uma meta tão ambiciosa.

    Jonas sempre mencionou isso, Roar mencionou isso, quase todo mundo que conheci que abusa de drogas e sente os problemas decorrentes desse abuso menciona a vergonha que sente. Enredar-se numa situação em que as drogas ditam o rumo da vida já é algo vergonhoso em si. Quando se tenta romper esse padrão apenas para andar alguns passos para trás, esse sentimento ataca novamente, com força total. E, dado o poder destrutivo que tem a vergonha, o caminho que a conduz às drogas fica ainda mais sinuoso. Quem envereda por ele não demora a se perder. A vergonha confunde o caminhante e o mantém inacessível a todos aqueles a quem decepcionou. A única alternativa que lhe resta é tentar fugir — de tudo e de todos, mas principalmente de si mesmo.

Adeus à fissura

Quem se convenceu de que nunca vai parar de beber é o ator Kristoffer Joner. Sua relação com o álcool não é totalmente isenta de problemas, e ele não faz segredos disso. Somos amigos há algum tempo e nos encontramos para conversar sobre a opção que fizemos de conviver com as drogas.

Kristoffer experimentou a bebida pela primeira vez quando tinha por volta de treze anos, e a experiência o marcou para sempre — *Adorei aquilo desde o primeiro momento. De repente, senti vontade de rir e chorar, ao mesmo tempo, de mim, dos outros, dizer aos meus amigos que os amava sem me sentir encabulado por isso. Foi incrível.* Kristoffer é bastante tímido. Ainda adolescente, percebeu que o álcool eliminava o constrangimento e o deixava mais à vontade com as garotas, e aquela sensação até então o empolgou. *E por isso é evidente que continuei a beber. Bebia muito, bastava surgir a oportunidade. Como eu gostava daquilo.*

Ele prosseguiu nesse ritmo até chegar ao final dos vinte anos, sem enfrentar nenhum problema em particular. Frequentava um meio em que os colegas também gostavam de uma boa festança, e se sentia muito confortável ali. É onde eu me sinto mais à vontade, eu teria muita dificuldade de me adaptar a qualquer outra coisa que fosse mais convencional, não suporto a ideia de uma rotina mais comum.

Naturalmente, a coisa desandou e ele não ia nada bem na escola. Não conseguia se concentrar em nada do que fazia, parecia completamente perdido. Agora, já adulto, está se tratando de TDAH, *mas acabo me esquecendo de tomar os remédios, e agora já estou começando de novo pela terceira vez. Hahaha, ora se não é mesmo TDAH!* Para Kristoffer, a salvação foi mudar de escola. A nova professora lhe perguntou assim que o viu: *Afinal, o que você gosta de fazer, meu rapaz?, ela me perguntou. Gosto de desenhar, eu respondi. Muito bem, então vamos desenhar bastante. Não entendi nada. Era para desenhar agora, ali, na nova escola, só isso?* Nunca se saiu muito bem no ambiente escolar, mas de repente se sentia bem onde estava, pelo menos foi assim durante um período.

As pessoas sabem que Kristoffer é ator, mas ele só veio a se tornar mais conhecido fora desse meio quando estava prestes a completar trinta anos. Antes disso, teve uma série de empregos, mas nunca conseguiu se fixar em nenhum. Passavam-se algumas semanas, às vezes até alguns meses, e então ele pedia as contas. Não exatamente por causa da bebida, mas porque não conseguia ficar num lugar em que não se sentisse desafiado, onde não conseguisse extrair a energia de que tanto precisa. *Podem dizer o que quiserem, mas é isso mesmo. Para mim, sempre vai continuar sendo assim.* Kristoffer diz que é capaz de reconhecer de longe outras pessoas que têm essa mesma relação com as drogas. *Não lidamos bem com a ansiedade e somos atraídos por emoções fortes, e as drogas permitem essa experiência.*

Quanto a isso ele tem razão. Pesquisas apontam que quem recorre às drogas cedo na vida e continua a utilizá--las por períodos mais longos são pessoas com um traço de impulsividade muito forte chamado "busca por sensações".[113] Uma vez que se trata de uma característica da personalidade, significa dizer que essa impulsividade é parte indissociável da "realidade" desses indivíduos, como bem observa Kristoffer. Estamos falando de uma matéria viscosa, que não se consegue amoldar nem modificar. Sua consequência imediata é uma dificuldade extrema de lidar com circunstâncias absolutamente banais. Para a maioria das pessoas, sentar-se diante do sofá numa sexta-feira à noite para assistir à TV pode até ser maçante, mas é perfeitamente suportável. Para esses, essa simples ideia abre um abismo existencial, o corpo resiste a ela e alarmes começam a disparar dentro da cabeça dizendo: *Fuja já daí ou você vai morrer!*

Simplesmente nada que possa ser associado a uma vida corriqueira faz sentido para mim. O desafio para quem procura ajuda nesses casos, segundo Kristoffer, é ser confrontado com a perspectiva de viver uma vida "normal". *Você consegue um auxílio-moradia, se for o caso, você procura ficar ativo durante o dia, levanta de manhã cedo, estuda, consegue até ser encaminhado para alguma entrevista de emprego, participa de palestras motivacionais e treinamento profissional. À primeira vista é ótimo que a social-democracia norueguesa ofereça essa oportunidade. A sociedade investe recursos para que você consiga levar uma vida normal e espera que você demonstre um certo reconhecimento em troca. Mas não demora muito para você perceber que algo está faltando, que a vida que quer levar não é essa. Você cai em si, volta a procurar as drogas e então bate aquele enorme sentimento de vergonha por ter colocado tudo a perder mais uma vez.*

Sabemos por meio de estudos psicológicos e sociológicos que pessoas com histórico de abuso de drogas em geral não se encaixam num padrão de vida considerado ordinário e comum. Muitos se dão conta disso muito cedo

— por exemplo, quando não se adaptam à escola. Uma solução para essa permanente sensação de incompatibilidade era recorrer às drogas e, através delas, encontrar uma maneira de se encaixar. Diante disso, há, portanto, poucos motivos para crer que pessoas com esse perfil se contentem com os padrões vigentes e majoritários na sociedade. Participar de atividades inclusivas é uma boa ideia, desde que sejam apropriadas e levem em consideração caso a caso. Para alguém com experiências escolares traumáticas e educação formal quase inexistente, participar de uma oficina sobre "Como escrever um currículo" não é exatamente uma ideia interessante. Perguntas como "Com o que você gosta de trabalhar?" ou "Quais suas experiências profissionais anteriores?" também podem não ser adequadas. Basta ver o caso de Kristoffer, que abandonou os estudos e era visto como um fracassado, e mesmo assim demonstrou uma enorme disposição para trabalho, grande capacidade de concentração e, não menos importante, muito talento.

Kristoffer é grato por seu ofício como ator. Pois quando está trabalhando não sente a menor falta da bebida. Suas apresentações no palco chegam a durar semanas, às vezes meses, e ainda assim a falta da bebida não é um problema. *O trabalho concorre com o álcool, e tenho sorte de ter encontrado esse concorrente.*

O que funciona para Kristoffer é justamente algo que, segundo Singer, é essencial: um substituto para a droga. Nem todo mundo tem o talento ou a disposição para as artes cênicas, e Kristoffer está ciente disso, mas para ele *a única saída é se perguntar: o que você ama fazer?* Uma vez que a questão é largar a droga, algo que toma um lugar enorme no coração dessas pessoas, é preciso então substituir essa lacuna com outra coisa que as ajude a se soerguer. *Se você gosta de mexer com barcos, então deve trabalhar na indústria marítima. Se você gosta de cavalos, deveria procurar um emprego na hípica.*

É ingênuo supor que alguém que se embriaga como Kristoffer demonstre um talento semelhante num determinado ofício. Entretanto, não é ingênuo acreditar que todos têm interesses que vão além do horizonte das drogas. O potencial para substituí-las por outra coisa existe, mesmo que temporariamente, para que as drogas se tornem um problema menor. Posso ilustrar melhor esse raciocínio com um exemplo que não tem relação com o tema.

Tive a sorte de tomar parte num projeto chamado "Fargespill" ["Orquestra das cores"]. Em resumo, é uma iniciativa que aproxima da música e da dança mais de cem crianças e jovens na cidade de Bergen. Oriundos de todas as partes do mundo, alguns participantes vivem uma vida normal, outros nem tanto. Ole Hamre e Sissel Saue, casal à frente do Fargespill, não se preocupam em fazer dele um projeto de integração. A ideia não é ajudar pessoas. Trata-se, em vez disso, de manter um grupo que faz apresentações artísticas sob a direção de ambos, que fazem questão de dizer que não são assistentes sociais. Eles não perguntam quais são as carências daqueles jovens, em vez disso querem saber o que têm a oferecer e são capazes de fazer.

É uma diferença fundamental, cujos efeitos são surpreendentes. Talvez um jovem do Congo, de origem pobre, que precisa aprender norueguês e tenta superar traumas de guerra, tenha a oferecer uma canção que seu avô costumava cantar e o marcou profundamente. Ele nunca cantou na frente de estranhos antes, e gagueja diante de Ola e Sissel na primeira audição, mas seis meses depois dá um espetáculo diante de uma plateia de 1.500 pessoas, acompanhado por orquestra, bailarinos e um enorme coro de vozes. Histórias como essas são comuns na Fargespill. Digo isso porque testemunhei várias delas. *Você vai achar o que procurar, deficiências ou necessidades, por exemplo*, diz Ole Hamre. *Mas se quiser encontrar talentos, encontrará talentos.*

Essa perspectiva é relevante para além da Fargespill, e tangencia algo que diz respeito tanto a Kristoffer como a Singer. Muitas pessoas precisam de ajuda para descobrir seu potencial porque estão de tal maneira tomadas pela vergonha que já não têm autoconfiança. Dar atenção especial a seus talentos e não a suas carências é um exercício revigorante. Se o objetivo é encontrar algo que possa substituir a droga que tanto amam, e não livrá-las dela definitivamente, o resultado poderá ser uma vida perfeitamente funcional, em que a droga terá um espaço mínimo ou não terá espaço algum.

A droga como ela é

Jesus transformou água em vinho e Shiva santificou a maconha. Povos indígenas na América descobriram cogumelos mágicos e, na Índia, tigelas de ópio eram servidas quando os convidados batiam à porta. Embebidos em vinho, os filósofos gregos aperfeiçoaram a política, e marinados em hidromel os vikings noruegueses celebravam cada jornada bem-sucedida pelos mares. Em todos os lugares, as pessoas sempre procuraram as drogas, como nós as buscamos hoje e provavelmente continuaremos a fazê-lo no futuro.

A maioria das pessoas as procuram na busca de uma vida melhor, enquanto alguns as buscam para simplesmente sobreviver. Espero ter encontrado um equilíbrio entre esses diferentes aspectos da questão. Minha intenção foi reconhecer o valor que as drogas têm em diferentes aspectos, mesmo aqueles que, à primeira vista, podem parecer banais. Mesmo quando as drogas estão em franca vantagem e invadem o cotidiano, me preocupo em examinar não aquilo que retiram da vida de quem as consome, mas o que acrescentam a ela. Para alguns, elas preenchem necessidades básicas e os pré-requisitos para uma vida plena, ajudando-os a lidar contra uma sensação de exclusão do mundo ou a acalmar as inquietações de um corpo que experimentou traumas inimagináveis.

Não que as drogas sejam necessariamente uma boa solução, uma vez que podem acarretar novos problemas. Ainda assim, é normal que alguns vivam permanentemente drogados como forma de seguir vivendo. Um velho amigo muito próximo, que recorre bastante às drogas e conhece muitos outros que o fazem, me disse que não devo perder de vista que elas podem ser uma boia de salvação para as pessoas. Alguns agarram-se a elas por períodos mais breves, outros por muito tempo, alguns pelo resto da vida.

É inevitável que seja uma questão de escolha, mas a maioria das pessoas não deve achar que a droga em si é o problema. Essa não é a questão. As drogas são o tempero da vida, não o prato principal. Nesse caso, não será difícil mantê-las em seu devido lugar. Alguns, porém, as vivenciam de outra forma, e nem sempre podem ser culpados por isso, pois não tiveram como escolher o corpo, a mente, nem o ambiente em que nasceram. Esses são fatores que podem fazer as drogas agirem de tal forma que se torna impossível serem deixadas de lado.

Notas

[1] William Isaac Thomas e Dorothy Swaine Thomas, *The child in America: Behavior problems and programs* (Nova York: Knopf, 1928, p. 571-572).
[2] Mali K. Lunde, "Symposiet i antikkens Hellas", *Fortid* 7 (4), 2010, p. 26-30.
[3] Citado in: Janet Chrzan, *Alcohol. Social drinking in cultural context* (Nova York: Routledge, 2013, p. 20).
[4] Bjørn Qviller, *Rusens historie* (Oslo: Samlaget, 1996, p. 16).
[5] Os exemplos foram extraídos de https://www.arild-hauge.com/mead.htm.
[6] Ellen Schrumpf, *"Berus eder!" Norske drikkekulturer i de siste 200 år* (Oslo: Pax Forlag, 2003, p. 20).
[7] Ibid., p. 22.
[8] Ragnar Hauge, *Rus og rusmidler gjennom tidene* (Oslo: Universitetsforlaget, 2009, p. 43).
[9] Jonathan Hari, *Chasing the scream. The first and last days of the war on drugs* (Nova York: Bloomsbury, 2015, p. 17).
[10] https://www.psychologytoday.com/us/blog/the-teenage-mind/201106/history-cannabis-in-india.
[11] Ragnar Hauge, *Rus og rusmidler gjennom tidene* (Oslo: Universitetsforlaget, 2009, p. 64-65).
[12] Brit Bergesen Lind, *Narkotikakonflikten. Stoffbruk og myndighetskontroll* (Oslo: Gyldendal Norsk Forlag, 1974).

[13] Craig MacAndrew e Robert B. Edgerton, *Drunken comportment: A social explanation* (Oxford: Aldine, 1969).
[14] Daniel Kahneman, *Thinking, fast and slow* (Londres: Penguin Books, 2011).
[15] Norman E. Zinberg, *Drug, set, and setting* (New Haven: Yale University Press, 1984).
[16] Stein Torleif Bjelle, da canção "Tvangsgutan kompani", no disco *Vonde Visu*, 2011.
[17] Joseph R. Gusfield, "Passage to play: rituals of drinking time in American society", in Mary Douglas (org.), *Constructive drinking* (Nova York: Cambridge University Press, 1987, p. 73-90).
[18] Sebastian Tutenges, "Nightlife tourism: A mixed method study of young tourists at an international nightlife resort", *Tourist Studies*, 12 (2), 2012, p. 131-150.
[19] Sebastian Tutenges, "Stirring up effervescence: an ethnographic study of youth at a nightlife resort", *Leisure Studies*, 32 (3), 2013, p. 233-248.
[20] Sebastian Tutenges, *Louder! Wilder! Danish youth at an international nightlife resort*, tese PhD, Universidade de Copenhague, 2010, p. 136.
[21] Gerald Mars, "Longshore drinking, economic security and union politics in Newfoundland", in Mary Douglas (org.), *Constructive drinking* (Nova York: Cambridge University Press, 1987, p. 91-101).
[22] Eivind Grip Fjær, Willy Pedersen e Sveinung Sandberg, "Party on wheels: mobile party spaces in the Norwegian high school graduation celebration", *The British Journal of Sociology*, 67 (2), 2016, p. 328-347. Tradução do inglês pelo autor da citação na p. 339 do artigo.
[23] Sandberg, Sveinung. "Cannabis culture: A stable subculture in a changing world", *Criminology & Criminal Justice*, 13 (1), 2013, p. 63-79. (Oslo: Universitetsforlaget, 2010).
[24] "Narkotika i Norge 2018" (Oslo: Folkehelseinstituttet).
[25] Matthew Collins, *Altered state. The story of ecstasy culture and acid house* (Londres: Serpent's Tail, 2009, p. 40).
[26] O documentário *Dirty Pictures* (2010, direção: Etienne

Sauret) aborda a vida e a obra de Schulgin. A descrição aqui é em grande parte baseada nele e no livro supramencionado de Matthew Collins.

[27] Matthew Collins, *Altered state. The story of ecstasy culture and acid house* (Londres: Serpent's Tail, 2009).

[28] *Verdens Gang*, 25/10/2003.

[29] Marit Edland-Gryt, Sveinung Sandberg e Willy Pedersen, "From ecstasy to MDMA: Recreational drug use, symbolic boundaries, and drug trends", *International Journal of Drug Policy*, 50, 2017, p. 1-8. Tradução do inglês pelo autor da citação na p. 5.

[30] Ibid., p. 4.

[31] David J. Nutt, Leslie A. King e Lawrence D. Phillips, "Drug harms in the UK: a
multicriteria decision analysis", *The Lancet* 376.9752, 2010, p. 1558-1565.

[32] *The New York Times*, *Wired*, *The Washington Post* e *National Geographic*, por exemplo, publicaram várias matérias a respeito nos últimos anos, e na Noruega a NRK fez uma extensa cobertura sobre o consumo de ayahuasca, além de os psicodélicos terem sido tema de dois documentários recentes.

[33] Vince Polito e Richard J. Stevenson, "A systematic study of microdosing psychedelics", *PLOS ONE*, 14 (2), 2019.

[34] Há uma série de palestras e entrevistas disponíveis no YouTube. Para mais informações sobre Griffiths e a nova pesquisa psicodélica em geral, recomendo Michael Pollan, *How to change your mind. The new science of psychedelics* (Penguin Books, 2018).

[35] Roland R. Griffiths et al., "Psilocybin can occasion mystical-type experiences having substantial and sustained personal meaning and spiritual significance", *Psychopharmacology*, 187 (3), 2006, p. 268-283.

[36] Sam Harris, "Drugs and the meaning of life", podcast *Making Sense*, 4/6/2015.

[37] Fiona Measham, "'Doing gender' — 'doing drugs': Conceptualizing the gendering of drugs cultures", *Contemporary Drug Problems*, 29 (2), 2002, p. 335-337.

[38] Jørgen Bramnes, *Hva er avhengighet?* (Oslo: Universitetsforlaget, 2018, p. 48-52).
[39] Steven E. Hyman, "The neurobiology of addiction: implications of voluntary control of behaviour", *American Journal of Bioethics*, 7, 2007, p. 8-11.
[40] Francis Crick, *The astonishing hypothesis: The scientific search for the soul* (Nova York: Simon & Schuster, 1995, p. 3). Citado in: Siri Hustvedt, *Den skjelvende kvinnen. Eller historien om nervene mine* (Oslo: Aschehoug, 2012, p.128).
[41] Stephen Morse, "Voluntary control of behavior and responsibility", *The American Journal of Bioethics*, 7 (1), 2007, p. 12-13.
[42] Jostein Rise, "Hva er avhengighet? Et forsøk på begrepsavklaring", *Psykologisk Tidsskrift NTNU*, 18 (3), 2014, p. 8-17.
[43] Ian Hacking, *The social construction of what?* (Cambridge: Harvard University Press, 1999).
[44] Edward J. Khantzian, "The self-medication hypothesis of substance use disorders: a reconsideration and recent applications", *Harvard Review of Psychiatry*, 4 (5), 1997, p. 231-244.
[45] Eviatar Zerubavel, *The fine line* (Chicago: University of Chicago Press, 1993).
[46] Siri Hustvedt, *Den skjelvende kvinnen. Eller historien om nervene mine* (Oslo: Aschehoug, 2012, p. 22).
[47] Pierre Bourdieu, *Distinksjonen: en sosiologisk kritikk av dømmekraften* (Oslo: Pax, 1995).
[48] Michael Schwalbe, Sandra Godwin, Daphne Holden, Douglas Schrock, Shealy Thompson e Michele Wolkomir, "Generic processes in the reproduction of inequality: an interactionist analysis", *Social Forces*, 79, 2000, p. 419-452.
[49] Lars Sandås, *Narkoatlas – Oslo* (Oslo: Stripa forlag, 2016).
[50] NRK 8/4/2016 — https://www.nrk.no/norge/narkomane-botelagt-for-naer-50-millioner-kroner-1.12887103.

⁵¹ Uni Research Rokkansenteret 23.5. 2017 — https://uni.no/nb/news/2017/5/23/mye-vold-i-bergens-rusmiljo-nygardsparken-stengte/.
⁵² Evelyn Dyb e Stian Lid, *Bostedsløshet i Norge 2016 – en kartlegging* (NIBR- rapport, 2017:13, p. 69).
⁵³ Nicolay B. Johansen e Hanne Myhre, *Skadereduksjon i praksis – tomos 1 e 2* (Kompetansesenteret: Rusmiddeletaten i Oslo, 2005).
⁵⁴ Edward J. Khantzian, "The self-medication hypothesis of substance use disorders: a reconsideration and recent applications", *Harvard Review of Psychiatry*, 4 (5), 1997, p. 231-244.
⁵⁵ A pesquisa "Adverse childhood experience" [Experiência adversa na infância] (ACE) realizada na Califórnia revelou correlações entre experiências traumáticas na infância e uma série de problemas mais tarde na vida, entre eles o abuso de drogas.
⁵⁶ Jens Bjørneboe, "Farvel Bror alkohol", publicado em *Dagbladet*, 27/12/1975.
⁵⁷ Ingemar Åkerlind e Jan Olof Hörnquist, "Loneliness and alcohol abuse: a review of evidences of an interplay", *Social Science & Medicine*, 34 (4), 1992, p. 405-414.
⁵⁸ John T. Cacioppo e William Patrick, *Loneliness: human nature and the need for social connection* (Nova York: WW Norton & Company, 2008).
⁵⁹ *The Guardian*, 28/2/2016 — https://www.theguardian.com/science/2016/feb/28/loneliness-is-like-an-iceberg-john-cacioppo-social-neuroscience-interview.
⁶⁰ *Verdens Gang*, 2/4/2015 — https://www.vg.no/nyheter/innenriks/i/ndgWm/ensomhet-er-like-farlig-som-aa-roeyke.
⁶¹ Norman K. Denzin, *The alcoholic self* (Newbury Park: Sage, 1987).
⁶² Uma apresentação da pesquisa em linguagem acessível é: "Addiction: The view from Rat Park" — http://www.brucekalexander.com/articles-speeches/rat-park/148-addiction--the-view-from-rat-park. Um artigo científico sobre o projeto é: Bruce K. Alexander et al., "Effect of early and later colony

housing on oral ingestion of morphine in rats", *Pharmacology Biochemistry and Behavior*, 15 (4), 1981, p. 571-576.

⁶³ O escritor britânico Jonathan Hari ganhou destaque por adotar essa perspectiva no livro *Chasing the scream* (Londres: Bloomsbury Publishing, 2016), e mais ainda por meio de uma apresentação no TedTalk que, no instante em que escrevo estas linhas, tinha 11,5 milhões de visualizações.

⁶⁴ Lee N. Robins, "Vietnam veterans' rapid recovery from heroin addiction: a fluke or normal expectation?", *Addiction*, 88 (8), 1993, p. 1041-1054.

⁶⁵ Jonathan Hari, *Chasing the scream* (Londres: Bloomsbury Publishing, 2016, p. 174).

⁶⁶ Sherri Cavan, *Liquor licence: an ethnography of bar behaviour* (Chicago: Aldine, 1966).

⁶⁷ Johan Asplund, *Det sociala livets elementära former* (Gotemburgo: Korpen, 1978).

⁶⁸ Lars Svendsen, *Kjedsomhetens filosofi* (Oslo: Universitetsforlaget, 1999).

⁶⁹ Ibid., p. 44.

⁷⁰ Ibid., p. 161.

⁷¹ John Stuart Mill, *On liberty* (Oxford: Oxford University Press, 1869).

⁷² NOU 2002: 4 *Ny straffelov*. Straffelovkommisjonens delutredning VII.

⁷³ Brit Bergesen Lind, *Narkotikakonflikten. Stoffbruk og myndighetskontroll* (Oslo: Gyldendal Norsk Forlag, 1974, p. 41).

⁷⁴ Ibid., p. 42. Declaração ao jornal *Verdens Gang* de 16/11/1967.

⁷⁵ Ibid., p. 41.

⁷⁶ Um panorama resumido do desenvolvimento da política antidrogas pode ser encontrado em "Narkotika i Norge 2018" (Oslo: Folkehelseinstituttet, p. 101-111).

⁷⁷ Citado in: Ragnar Hauge, "Straff for narkotika – kan det begrunnes?", forebygging.no, 2008.

⁷⁸ Números disponíveis em Statistisk sentralbyrå — www.ssb.no. Há também algumas tabelas em "Narkotika i Norge 2018" (Oslo: Folkehelseinstituttet).

[79] Stortingsmelding nº. 30 (2011-2012) Se meg! En helhetlig rusmiddelpolitikk, p. 47.
[80] Kåre Bødal, *350 narkoselgere* (Oslo: Universitetsforlaget, 1982).
[81] Sverre Flaaten, *Heroinister og kontorister* (Oslo: Fagbokforlaget, 2007, p. 15).
[82] *Aftenposten*, 20/5/1996.
[83] Estatísticas criminais do Conselho Europeu, SPACE, 2018, p.111.
[84] "Narkotikapolitikken: Behov for nye ideer og bedre løsninger", boletim Civita nº. 1/2015.
[85] "Europeisk narkotikarapport — trender og utvikling" (EMCDDA 2018).
[86] Ibid., p. 87.
[87] James Fetherston e Simon Lenton, "Effects of the Western Australian Cannabis infringement notification scheme on public attitudes, knowledge and use: comparison of pre- and post change data" (Perth: National Drug Research Institute, 2007).
[88] Robin Room, Benedikt Fischer, Wayne Hall, Simon Lenton e Peter Reuter, *The Global Cannabis Commision Report* (Oxford: Beckley Foundation, 2008).
[89] Dagsnytt 18, *NRK Radio*, 27/5/2014.
[90] "Slipper narkotika løs på ungdommen", *Bergens Tidende*, 22/4/2014.
[91] https://rusreformutvalget.no/mandat/.
[92] David J. Nutt, "Equasy – An overlooked addiction with implications for the current debate on drug harms", *Journal of Psychopharmacology*, 23 (1), 2009, p. 3-5.
[93] David J. Nutt, Leslie A. King e Lawrence D. Phillips, "Drug harms in the UK: a multicriteria decision analysis", *Lancet*, 376, 2010, p. 1558-1565.
[94] Andres A Westin, Elin J. H. Strøm, Tarjei Rygnestad e Lars Slørdal, "Hva er egentlig narkotika?", *Tidsskrift for Den Norske Legeforening*, 131 (16), 2011, p. 1574.
[95] Karl Erik Lund, "Tobakk-Norges problematiske forhold til snus", forebygging.no, 2013. Um novo artigo mostra que as

pessoas superestimam o risco do rapé em relação ao cigarro: Karl Erik Lund e Tord Finne Vedøy, "Relative risk perceptions between snus and cigarettes in a snus-prevalent society—an observational study over a 16 year period", *International Journal of Environmental Research and Public Health*, 16 (5), 2019, p. 879.

[96] Peter Oehen, Rafael Traber, Verena Widmer e Ulrich Schnyder, "A randomized, controlled pilot study of MDMA (±3, 4-Methylenedioxymethamphetamine)-assisted psychotherapy for treatment of resistant, chronic Post-Traumatic Stress Disorder (PTSD)", *Journal of Psychopharmacology*, 27 (1), 2013, p. 40-52. O artigo aborda uma pesquisa específica, mas faz também uma panorâmica de campo.

[97] Dois dos mais importantes institutos da nova pesquisa com psicodélicos são a John Hopkins University, em Baltimore, EUA, e o Imperial College London. À frente da primeira está Roland Griffiths e nesta última, Robin Carhart-Harris. Vários artigos foram publicados por ambas as instituições. Tanto Griffiths como Carhart-Harris fizeram apresentações mais acessíveis ao público leigo no TedTalk.

[98] Tor Morten Kvam, Lowen H. Stewart e Ole A. Andreassen, "Psykedeliske stoffer i behandling av angst, depresjon og avhengighet", *Tidsskriftet for Den Norske Legeforening*, 18, 2018.

[99] Dependência: Matthew W. Johnson, Albert Garcia-Romeu e Roland R. Griffiths. "Long-term follow-up of psilocybin-facilitated smoking cessation", *The American Journal of Drug and Alcohol Abuse*, 43 (1), 2017, p. 55-60; Depressão: Robin Carhart-Harris et al., "Psilocybin with psychological support for treatment-resistant depression: an open-label feasibility study", *The Lancet Psychiatry*, 3 (7), 2016, p. 619-627.

[100] https://www.justice.gc.ca/eng/cj-jp/cannabis/.

[101] "Folkehelserapporten" é uma publicação online do Folkehelseinstituttet — https://www.fhi.no/nettpub/hin/. A citação é do capítulo: "Alkohol og andre rusmiddel".

[102] Donald A. Brand, Michael Saisana, Lisa A. Rynn, Fulvia Pennoni e Albert B. Lowenfels, "Comparative analysis of al-

cohol control policies in 30 countries", *PLOS Medicine*, 4 (4), 2007, p. 151.

[103] "Rusmidler i Norge 2016" (Oslo: Folkehelseinstituttet, 2016).

[104] Elisabet E. Storvoll, Ingeborg Rossow e Jostein Rise, "Alkoholpolitikken og opinionen. Endringer i befolkningens holdninger til alkoholpolitikken og oppfatninger om effekten av ulike virkemidler i perioden 2005-2009", relatório SIRUS 1/2010 (Oslo: Statens institutt for rusmiddelforskning, 2010).

[105] T. F. Babor, R. Caetano, S. Casswell, G. Edwards, N. Giesbrecht, K. Graham, I. Rossow, *Alcohol: no ordinary commodity: research and public policy* (Oxford University Press, 2010).

[106] Willy Pedersen, "Seks grunner til at ungdom drikker mindre", *Aftenposten*, 11/9/2016.

[107] Willy Pedersen, *Bittersøtt* (Oslo: Universitetsforlaget, 2015).

[108] Jefferson Singer, *Message in a bottle. Stories of men and addiction* (NovaYork: The Free Press, 1997, p. 17).

[109] https://www.aa.org/assets/en_US/smf-53_en.pdf.

[110] Números exatos não são determinantes neste contexto. Eis aqui uma página com diferentes referências ao índice de êxitos dos AA: https://americanaddictioncenters.org/rehab-guide/12-step/whats-the-success-rate-of-aa.

[111] June P. Tangney e Ronda L. Dearing, *Shame and guilt* (Nova York: Guilford Press, 2003).

[112] Finn Skårderud, "Rus og skam", apresentação em ROP — Nasjonal kompetansetjeneste for samtidig rusmisbruk og psykisk helse, 2019 — https://rop.no/aktuelt/skammens-onde-spiral/.

[113] Marvin Zuckerman, *Sensation seeking and risky behavior* (Washington: American Psychological Association, 2007).

Exemplares impressos em OFFSET sobre papel
Cartão LD 250g/m2 e pólen Soft LD 80g/m2 da
Suzano Papel e Celulose para a Editora Rua do Sabão.